Dedico esta edición
a quienes tomen el reto
de cambiar su vida,
a través de conocer y aceptar a
Jesucristo en su corazón
y aprender a caminar con Él.

Puedo asegurarte
que si lees este libro tu vida
no va a ser igual, porque
la palabra de Dios tiene el poder
de transformarnos.

– ¿YO?

– Sí, Tú.

TÚ
ESTÁS EN EL
PLAN DE
DIOS.

¡TÚ,
ESTÁS EN EL
PLAN DE
DIOS!

Primera Edición, 2014.
® 2014 por ESPO Editores, S.A. de C.V.
Citas bíblicas tomadas de la Santa Biblia,
Nueva Versión Internacional ® NVI®
Propiedad literaria© 1999 por Biblica, Inc.TM
Usado con permiso. Reservados todos los derechos
mundialmente.

CONTENIDO

PRÓLOGO

Hace algunos años escribí un libro inspirado por el Espíritu Santo, su título es "Mujer, ¡estás en el plan de Dios!". Al conocerlo muchos me preguntaban ¿por qué solo las mujeres están en el plan de Dios?

La respuesta que les daba siempre era la misma, todos estamos en el Plan de Dios pero ese libro nació por reuniones de oración entre mujeres, por eso el título. Pero reflexionando sobre esas preguntas, sentí que Dios me inspiraba a escribir un nuevo libro, que no dejara a nadie por fuera, así con el título "Tú, ¡estás en el plan de Dios!", Él me regaló un libro que puede ser leído por hombres o por mujeres, tanto jóvenes como adultos.

Este libro es de contenido similar al primero, pero tiene un tono más sobrio y quizás un lenguaje más directo, para personas que tienen poco tiempo para leer, para hombres y sobre todo para jóvenes quienes esperan mensajes claros y breves de Dios para sus vidas.

Si estás leyendo estas líneas en este momento puedo garantizarte dos cosas: la primera que eres muy importante para Dios y la segunda, que si lees este libro completamente tu vida no va a ser igual.

¿Habrá algo "mágico" en estas páginas? Sí por supuesto, se llama Palabra de Dios y sabemos que la palabra de Dios es palabra viva, es decir, un día puede decirnos algo y la misma escritura en otro momento puede significar para nosotros algo diferente. Incluso un mismo pasaje puede hablarle de forma diferente a dos personas que lo lean, porque la palabra de Dios nos habla de acuerdo a nuestra necesidad, cercanía y conocimiento.

Todo el texto de este libro está completamente basado en la palabra de Dios, por tanto, la "magia" del cambio la pone Dios, con esa voz suave que nos va guiando y enseñando, si somos dóciles a su guía y nos proponemos cambiar y dar lo mejor de nosotros mismos.

A través de estos capítulos podrás comenzar o fomentar tu relación con Dios, luego pasarás por un entrenamiento y finalmente pasarás a sus grandes ligas, es decir a la cercanía con Dios, a ganar su favor.

Dios está a la puerta de cada vida llamándonos para poder entrar, con una sola oportunidad que le brindemos nos cambia, nos enseña y nos permite alcanzar sus sueños.

Acompáñame en esta aventura, atrévete a ser diferente.

PRIMERA PARTE

CUANDO DIOS NOS LLAMA

Esta primera parte es "El primer llamado de Dios para nosotros", cuando llega a nuestra vida por primera vez y comenzamos a conocerlo y a creer en Él.

Es importante que sepamos que hablamos de un Dios trino, es decir tres personas un solo Dios: Dios Padre, Dios Hijo (Jesucristo) y Dios Espíritu Santo.

Estos capítulos hablan del amor de Dios, de su perdón y de su misericordia. Poco a poco vamos a descubrir cómo nos espera para que tengamos una cita diaria con él. También vamos a poder ordenar adecuadamente nuestras prioridades y conforme vayamos aprendiendo y conociendo más de Dios, vamos a ir incrementando nuestra fe y aprendiendo que la fe agrada al Señor.

Los dos últimos capítulos de esta primera parte nos van a revelar como Dios nos ha escogido para una misión especial y la forma en la que podemos comenzar a realizarla.

Sin embargo, el objetivo principal de estos primeros capítulos es que nos acerquemos a Dios, que aceptemos a Jesucristo como nuestro Señor y Salvador, comprendiendo el sacrificio de amor que hizo por todos, que comencemos a seguirlo y decidamos tener una relación con Él.

CAPÍTULO I
DIOS NOS AMA

Hay un Dios que nos ama tanto que dio a su único Hijo para que todos los que creyeran en Él tuvieran vida eterna (Juan 3, 16)... Sin embargo, a veces lo que llamamos "ruido" no nos deja escuchar la voz de amor de Dios. ¿Por qué?

Dios nos dice cosas como: "Te amo y eres ante mis ojos precioso y digno de honra";[1] "Con amor eterno te he amado, por eso te sigo con fidelidad";[2] "Aunque cambien de lugar las montañas y se tambaleen las colinas, no cambiará mi fiel amor por ti ni vacilará mi pacto de paz"[3] y tantas cosas especiales que podemos leer a lo largo de la Biblia, pero ¿por qué estos mensajes no llegan a nuestra mente o a nuestro corazón?

He encontrado dos razones principales de este "ruido" que no nos permite escuchar a Dios: la primer razón es la saturación de ocupaciones en nuestra vida: trabajo, estudios, internet, es decir muchas cosas por hacer, sean urgentes, importantes o no. Veamos este pasaje de la Biblia para que podamos comprender mejor esto.

"Mientras iba de camino con sus discípulos, Jesús entró en una aldea, y una mujer llamada Marta lo recibió en su casa. Tenía ella una hermana llamada María que, sentada a los pies del Señor, escuchaba lo que Él decía.

Marta, por su parte, se sentía abrumada porque tenía mucho quehacer. Así que se acercó a él y le dijo: -Señor, ¿no te importa que mi hermana me haya dejado sirviendo sola? ¡Dile que me ayude! -Marta, Marta -le contestó Jesús-, estás inquieta y preocupada por muchas cosas, pero sólo una es necesaria. María ha escogido la mejor, y nadie se la quitará". (Lucas 10,38-42).

Analicemos lo que le dice Jesús a Marta, y en general a todos nosotros, "estás inquieto y preocupado" parafraseemos esto: estás ocupado, estás agobiado, estás lleno de cosas por hacer. Pensemos en esto y en lo que dice la palabra de Dios en Eclesiastés 2:20: "Volví a sentirme descorazonado de haberme afanado tanto en esta vida".

"... TENÍA ELLA UNA HERMANA LLAMADA MARÍA QUE, SENTADA A LOS PIES DEL SEÑOR, ESCUCHABA LO QUE ÉL DECÍA".

No estoy insinuando que no trabajemos, pero sí que comprendamos que el tiempo para "sentarnos a escuchar la palabra de Dios", es sumamente importante y como veremos más adelante, debería ser nuestra prioridad.

A veces tomamos mucho tiempo para cosas sin importancia contestamos correos, mensajes, vemos redes sociales, nos preocupamos por situaciones que talvez ni sucederán y se nos olvida tomar tiempo para lo verdaderamente importante. No permitamos que lo urgente impida lo importante o como lo dice Jesucristo "lo necesario".

Quisiera que pensáramos en qué situaciones, personas o cosas en nuestra vida hacen que nos afanemos y no escuchemos la voz de Dios, que no tomemos tiempo para sentarnos "a sus pies" a escucharlo. ¿Tendremos algún problema?, ¿qué o quiénes nos estorban para escuchar su voz?, ¿cuál es la prioridad en nuestra vida en este momento?, ¿en qué utilizamos la mayor parte de nuestro tiempo?

Es importante que sepamos que cuando decidimos venir a Jesús y escucharlo, tenemos su promesa que "no seremos quitados". Es decir, Él mismo nos va a defender para que nada ni nadie se interponga entre sus palabras y nosotros; en esta relación entre Él y cada uno de nosotros.

Resumiendo, la primera razón de ese ruido que no nos deja escuchar la voz de Dios son las **ocupaciones**.

Me parece que la segunda razón por la que no podemos interiorizar la voz de Dios o comprender su amor para nosotros, es por el pasado y por las voces negativas que nos rodean. Talvez no tuvimos un padre terrenal amoroso y entonces nos cuesta mucho comprender el amor de Dios o quizás no podemos escuchar los mensajes de Dios por algunas personas que nos hacen o nos hicieron sentir mal. Hay personas que hablan o hablaron sin saber y talvez hicieron comentarios negativos sobre nosotros, eso no solo duele, sino logra confundirnos, nos vuelve inseguros y nos causa heridas difíciles de sanar.

Hay expresiones y palabras que nos marcan, por decir algunos ejemplos: "Dios nunca se fijaría en ti", "no eres inteligente", "nunca vas a salir adelante", "ni Dios te quiere", "eres malo", "tu vida es una maldición", "no sé por qué viniste al mundo", "Dios nunca te va a perdonar", "solo fuiste un accidente", "nunca debiste haber nacido"... Sobre esto quiero contar una historia de una señora que conocí, ella salió embarazada a muy temprana edad y me confesó llorando que le habían dicho que su hijo jamás podría tener la bendición de Dios, durante 20 años ella pensó que su hijo tenía una maldición... Todas esas expresiones hacen más daño del que podamos pensar, sobre todo si nos dijeron estas cosas desde que estábamos pequeños.

Incluso he conocido a personas que creen que Dios no los puede amar, que solo algunas personas pueden tener el amor de Dios y se alejan de iglesias, de las personas de fe y viven una vida de depresión, de angustia o de miedo.

Pero todo lo que nos dijeron, digan o lo que hayamos creído no es cierto, Dios nos dice: "Al que a mí viene, no lo rechazo."[4], Él nos quiere amar.

¡Acerquémonos confiadamente a sus brazos!, por favor no nos excluyamos de su amor, de su protección y bendición. Dios quiere hacer cosas grandes con nosotros... contigo, para mostrarte su amor. Para que creamos esto, veamos el amor y la atención de Dios a cada persona y a cada necesidad, a través de este pasaje que encontramos en Marcos 10,46-52.

"Después llegaron a Jericó. Más tarde, salió Jesús de la ciudad acompañado de sus discípulos y de una gran multitud. Un mendigo ciego llamado Bartimeo, el hijo de Timeo, estaba sentado junto al camino. (Subrayado de la autora).

Al oír que el que venía era Jesús de Nazaret, se puso a gritar: −¡Jesús, Hijo de David, ten compasión de mí! Muchos lo reprendían para que se callara, pero él se puso a gritar aún más: −¡Hijo de David, ten compasión de mí!

Jesús se detuvo y dijo: −Llámenlo. Así que llamaron al ciego. −¡Ánimo! -le dijeron-. ¡Levántate! Te llama. Él, arrojando la capa, dio un salto y se acercó a Jesús.

−¿Qué quieres que haga por ti? -le preguntó-. −Rabí, quiero ver - respondió el ciego.

−Puedes irte -le dijo Jesús-; tu fe te ha sanado. Al momento recobró la vista y empezó a seguir a Jesús por el camino".

Quise destacar la palabra multitud, porque si tú consideras que Dios está muy ocupado, ahí tienes a Jesús en medio de sus discípulos y de una gran multitud, pero fue capaz de escuchar a alguien con una necesidad, con un problema que lo llamaba.

Talvez ese ciego podría haber pasado inadvertido para ti y para mí, pero no para nuestro Dios de amor. Este es realmente uno de los pasajes más significativos de la Biblia, donde nos muestra que siempre van a haber voces de personas o situaciones que nos quieran hacer sentir mal, que nos acusen o que nos engañen, que nos hagan creer que no podemos llegar hasta Jesús, que no alcanzaremos nuestros sueños, que el amor de Dios es para pocos.

Si leemos detenidamente el pasaje, dice que "muchos lo reprendían para que se callara". Esto siempre va a suceder, siempre va a haber alguien que nos diga que no podemos, que no sabemos, que Dios no escucha, que no responde, que nunca hemos hecho nada bueno, que Dios no existe, etc. Pero, si logramos sobrepasar esas barreras negativas y dejamos de creer a los demás cuando nos hablan así y comenzamos a creerle a Dios, que nos dice todo lo contrario, que nos dice que nos ama, que nos creó para que fuéramos tal como somos, que tiene planes y sueños con nuestra vida, entonces, y solo entonces, vamos a poder recibir todo su amor y misericordia.

Talvez esto para ti, como lo fue en algún momento para mí, es muy fuerte y no sabemos bien como recibirlo. Quizás nunca tuviste una relación de gran amor con tus padres, talvez no te brindaron sus cuidados y atención o nunca expresaron cosas buenas sobre ti... si ese es el caso, Dios simplemente te pide o nos pide una oportunidad, que le permitamos revelarse a nosotros y poco a poco podremos experimentar ese amor del que te hablo, que puede transformar nuestra vida completamente.

> SI LOGRAMOS SOBREPASAR ESAS BARRERAS NEGATIVAS Y DEJAMOS DE CREER A LOS DEMÁS Y COMENZAMOS A CREERLE A DIOS, ENTONCES VAMOS A RECIBIR TODO SU AMOR Y MISERICORDIA.

Es importante que sepamos que desde que intentamos hablarle por primera vez, Él ya nos ha escuchado, aunque no sepamos qué decir o cómo hacerlo, recordemos que puede leer nuestras mentes y corazones.

Dice la Biblia en el Salmo 139,4 que la palabra no está aún en nuestra boca, cuando él ya la ha escuchado, pero lo que puede hacer que Él se detenga y que nos haga el milagro que necesitamos es que nos decidamos a ignorar esas voces negativas y a buscarlo de corazón, a confiar en Él y a darle una oportunidad, solo así, Jesús se va a detener, como en la cita que leímos, nos mandará a llamar y nos preguntará: -¿Qué quieres que haga por ti?

PENSEMOS EN JESÚS COMO EL PRODUCTOR DE LA PELÍCULA DE NUESTRAS VIDAS, SABE LO QUE NOS CONVIENE, PERO AÚN ASÍ, TIENE LA GENTILEZA DE PREGUNTARNOS: ¿QUÉ QUEREMOS?

Jesús es Dios y puede ver nuestra necesidad, puede ver nuestro dolor, pero quiere que le digamos qué es lo que queremos... ¿Por qué? Porque a Él le importa lo que queremos y a veces prueba nuestra fe y nuestra confianza en su poder y en su misericordia.

Bartimeo pudo haberle dicho, quiero que alguien me ayude, que me den dinero, que me den comida... Pero él supo que Jesús podía y quería ayudarlo, entonces le pidió su milagro grande, su vista: "Señor quiero ver".

Pensemos en Jesús como el productor de la película de nuestras vidas, sabe lo que nos conviene y lo que no, pues tiene el guión completo, el conoce nuestro pasado, nuestro presente y cómo será nuestro futuro, nosotros solo vemos escenas del presente, pero aún así, tiene la gentileza de preguntarnos: ¿qué queremos?

Porque nuestros deseos, nuestros pensamientos, nuestras necesidades le interesan. Él nos ama tanto que fue capaz de dar su vida por nosotros, ¿y no nos podrá dar entonces lo que nuestro corazón anhela tanto o satisfacer la enorme necesidad que enfrentamos?

Tenemos que grabarnos en nuestra mente y en nuestro corazón que Dios puede y quiere ayudarnos. Dios nos ama profundamente. Si supiéramos cuánto nos ama viviríamos vidas completamente diferentes, tendríamos actitudes diferentes que nos ayudarían a alcanzar el éxito.

Pido de forma especial que hagamos un ejercicio, quiero que pensemos por un momento que estamos frente a Jesús, que tú estás frente a Él. Todo lo que impedía llegar a su presencia se ha ido, también han desaparecido las personas que dicen cosas negativas. Ya sobrepasaste todo. Estás solo con Jesús. Es una experiencia única, y te hace la pregunta más increíble: ¿qué quieres que haga por ti?

Pensemos cuidadosamente y en oración digámosle lo que necesitamos, lo que soñamos, lo que anhelamos, lo que queremos. Recordemos que Él se detuvo porque escuchó nuestro dolor, nuestra necesidad, nuestros deseos de comenzar a caminar con Él y pidió que llegáramos a su presencia. ¿Qué le vamos a decir?

Este es el momento más importante de nuestra vida: estamos con el dueño del Universo, con el Creador de la Vida, con nuestro Dios. Jesús nos buscó, nos mandó a llamar, acerquémonos confiadamente y si nunca hicimos esta oración de aceptación, hoy es el día de nuestra salvación, del perdón de nuestros pecados y del inicio de una nueva vida en Cristo Jesús.

Repitamos esta oración:

Señor Jesucristo, perdona mis pecados, gracias por morir en mi lugar. En este momento quiero aceptarte como mi Salvador y mi Señor, te abro mi corazón y mi mente, por favor manda a tu Santo Espíritu a que more en mi corazón, dirija mis pasos y me muestre tu gran amor. Amén.

Si hicimos esta oración Él nos acogerá, por que nos ama. Nadie nunca nos podrá amar de la manera que Dios nos ama. Su amor, es el mejor regalo que nos pueden dar en la vida.

El cambiará los mensajes en tu vida, nunca más serán de rechazo, palabras fuertes, insultos, lo que te dirá es cuánto te ama, lo importante que eres para Él.

Si nunca antes habíamos experimentado una relación así, ahora se llenará ese vacío del corazón que tavlez nos hacía beber, usar estimulantes o buscar en lugares y personas equivocadas ese amor que no teníamos y que no permitía que nuestra vida tuviera pleno sentido. Marquemos este día como un nuevo comienzo de nuestras vidas.

Aceptemos su amor con gozo, con humildad y con agradecimiento y continuemos leyendo para que descubramos su gran amor y como podemos caminar con Él.

¡DIOS NOS AMA!

[1] Isaías 43,4
[2] Jeremías 31,3
[3] Isaías 54,10
[4] Juan 6,37

CAPÍTULO II
DIOS NOS ESPERA

Con el capítulo anterior conocimos el inmenso amor de Dios e hicimos una oración para recibirlo como nuestro Señor y Salvador y quizás nos estemos preguntando ¿qué sigue?, ¿qué hacer?, ¿cuál es el siguiente paso? La respuesta es: debemos conocer más de nuestro Dios y dedicarle un espacio de nuestro día para conversar con Él, como si tuviéramos una cita, un tiempo especial en el que podrá hablarnos y guiarnos en este nuevo camino de vida.

Pensemos que cada mañana Dios desde que sale el sol está pendiente de nosotros, nos prepara un día especial y espera ansioso que conversemos con Él. Espera talvez que le pidamos su guía para que nos apoye en todo momento o simplemente quiere que le contemos algo, lo que nos preocupa o inquieta, como lo haríamos con nuestro papá, con nuestro mejor amigo o con nuestro cónyuge.

Dios nos quiere hablar cada día, nos quiere bendecir, pero la mayor parte de esas bendiciones se pierden porque ni siquiera las pedimos...

Veamos esta afirmación con esta historia que encontré en el libro la Oración de Jabes del autor Bruce Wilkinson, el autor nos habla del señor Pérez cuando llega al cielo y más o menos cuenta que iba caminando con San Pedro por el cielo y veía muchas cosas interesantes, en eso se percató que había un edificio, con muchos archivos adentro, San Pedro trató de disuadir al Señor Pérez para que no entrara y viera su expediente, pero todo esfuerzo fue en vano, cuando lo vio, rompió a llorar y le dijo San Pedro es lo que les sucede a todos. ¿Por qué lloró? porque ahí estaban escritas todas las bendiciones que Dios quería darle diariamente, que simplemente se habían perdido por no reclamarlas. Aunque es solo una historia, pensemos por un momento que no debemos dejar que nos suceda lo mismo, recordemos pedirle diariamente a Dios las bendiciones que tiene preparadas para nosotros, para nuestra familia, para nuestro trabajo, para nuestros estudios y pidamos sabiduría para saber enfrentar los retos que se nos puedan presentar, en estos tiempos tan difíciles que vivimos la cobertura de Dios puede hacer una gran diferencia.

Es importante que sepamos que Dios quiere ayudarnos en todos los aspectos de nuestra vida, pero primero quiere que lo conozcamos; desea enseñarnos cosas grandes que no conocemos[5] para después guiar nuestros pasos.

> DIOS ENVIÓ A SU HIJO JESUCRISTO A MORIR POR TI Y POR MÍ, PARA YA NO SER UN JUEZ EN NUESTRAS VIDAS, SINO UN PADRE AMOROSO".

Si nos tomamos un tiempo para leer la Biblia, para escuchar prédicas, para ir a la Iglesia, vamos a comenzar a conocerlo mejor. Si dedicamos un tiempo especial para hablar con Él, poco a poco nos va a guiar y vamos a ir educando el oído para escuchar su voz.

Para comprender esto, pensemos por ejemplo que si yo llamara a tu casa todos los días y dejara un mensaje en el contestador, llegaría un momento en que conocerías perfectamente mi voz y sabrías que soy yo quien llama sin necesidad que te lo diga. Esto nos pasa con Dios, si todos los días nos disponemos a escucharlo; con el tiempo sabremos lo que nos dice, cuándo nos habla y podremos distinguir su voz.

Recordemos que Dios nos ama y quiere que lo amemos. Ese es el mandamiento más importante, léelo conmigo en Mateo 22,37 "Ama al Señor tu Dios con todo tu corazón, con todo tu ser y con toda tu mente".[6] Pensemos que envió a Jesucristo a morir por ti y por mí, para ya no ser un juez en nuestras vidas sino un padre. Así es como quiere que lo veamos, Él espera que lo busquemos y que dependamos día a día de Él, como la mayoría de nosotros dependíamos o dependemos de nuestro papá terrenal.

Ahora debo hacer algunas preguntas ¿nos gustaría que cada día Dios nos hablara? Más allá de eso, ¿nos gustaría que Dios guiara nuestros pasos?, ¿nos gustaría que Él se ocupara de nuestras cosas? por así decirlo ¿que peleara nuestras batallas?, ¿que resolviera nuestros problemas?

Debemos tener la certeza que Dios quiere hacerlo, pero necesita que le rindamos nuestra vida y que le entreguemos nuestros problemas, miedos, cargas... Es decir que nos quedemos quietos y que confiemos en Él. Cuando tomamos esa actitud de dependencia, confianza y fe, Él se ocupa de nuestras cosas. Talvez podremos comprender esto mejor con esta ilustración que contó un predicador, dijo que una persona estaba ahogándose y el salvavidas lo miraba, también un grupo de personas que estaba en el lugar, los que comenzaron a indignarse.

Primero le suplicaban que se tirara a salvarlo, luego el tono fue subiendo y casi lo tiran. Sin embargo, el salvavidas esperó pacientemente a pesar de la presión del grupo. Cuando vio que el hombre casi se había ahogado, se tiró, lo rescató, le dio los primeros auxilios y le salvó la vida.

Cuando todo estaba más tranquilo les explicó a las personas: –Si me hubiera tirado cuando él todavía tenía fuerzas para luchar, me habría hundido y nos habríamos ahogado los dos. Tenía que esperar a que se rindiera para poder salvar su vida.

Pensemos que así está Dios observando tu vida y la mía, esperando pacientemente a que lo busquemos, a que nos rindamos y le entreguemos nuestras preocupaciones, nuestros problemas, nuestras dificultades, nuestras ansias, nuestros temores, nuestros sueños, para entonces tomar el control y poder actuar.

Pensemos que la mayor parte de nuestros temores son por circunstancias que jamás se van a dar y por lo que si pudiera suceder, podemos estar seguros que Dios continúa haciendo milagros, continúa salvando vidas, continúa llevando paz a las personas y continúa diciéndonos que está ahí para cuando nos decidamos a tener una relación diaria de amor, de amistad, de dependencia con Él ("Danos hoy el pan nuestro de cada día"[7]). Él nos espera a diario y nos quiere bendecir a diario.

Probablemente estamos de acuerdo hasta aquí, ahora la pregunta es ¿cómo hacerlo? Bien, para comenzar es importante que programemos un tiempo cada día para esta cita, de preferencia a la misma hora, en secreto, donde podamos contarle todo lo que queremos y que al final dejemos un espacio en silencio para disponer nuestro corazón a escucharlo. Al principio no vamos a saber qué decirle y nos podemos inquietar, pero poco a poco vamos a ir aprendiendo a conversar con Él y a escucharlo. Dios ve nuestra disposición y escucha nuestro corazón. Nuestra oración no tiene que ser perfecta, digámosle lo que nos salga del corazón, en forma sincera, poco a poco sabremos como hacerla.

Talvez esta idea nos pueda ayudar, pensemos de esta forma: esa cita es con el creador del Universo, con quien nos formó, con quien nos puede dar todo lo que le pidamos, con quien puede resolver nuestros problemas. Si por ejemplo, tuviéramos una deuda grande y nos dieran la oportunidad de reunirnos con el presidente del banco, quien tiene el poder para borrar esa deuda ¿no tomaríamos un tiempo para preparar esa cita, para revisar lo que vamos a decirle? y por supuesto no cambiaríamos esa cita, más bien llegaríamos antes de la hora, ¿verdad? Bien, Dios es más grande que cualquier ejecutivo que conozcamos, más importante, por lo tanto debemos poner mayor atención a nuestra cita con Él, que a cualquier otra cosa. La Biblia dice: "Buscad primeramente el Reino de Dios y su justicia y todas las demás cosas les serán añadidas".[8]

Ahora debemos preguntarnos ¿cómo podemos conocer más a Dios? Lo podemos conocer a través de su Palabra, leyendo la Biblia, escuchando mensajes y prédicas, yendo a la Iglesia, entonando alabanzas, leyendo más libros y, sobre todo, disponiendo nuestra mente y corazón para percibirlo en todo.

Si lo conociéramos bastaría con ver a nuestro alrededor y nos daríamos cuenta que está en todo: en las personas, en el camino, en el paisaje o en aquel gesto de amabilidad que no esperábamos; en esa nota que nos dio tanto gusto recibir; en el mensaje que nos enviaron y era justamente lo que sentíamos; en esa promoción que nos dieron; la llamada del amigo; en la felicitación del jefe; en ese apoyo inesperado...

En ese detalle, en esos regalos que recibimos inesperadamente, cuando alguien nos regala un almuerzo justamente el día que nos quedamos sin dinero o se ofrecen a llevarnos. Esos son mensajes de amor que prepara para nosotros.

De igual forma, podemos contestarle y mostrarle también nuestro amor. Amigos no tengamos miedo de demostrar nuestro amor por Dios. Eso no nos hace menos hombres o menos mujeres, al contrario, aceptar con humildad nuestra necesidad de su amor, guía y provisión diaria nos hace personas grandes, íntegras y verdaderas.

> NO TENGAMOS MIEDO DE DEMOSTRAR NUESTRO AMOR POR DIOS. ESO NO NOS HACE MENOS HOMBRES O MUJERES, AL CONTRARIO, NOS HACE PERSONAS GRANDES, ÍNTEGRAS, HUMILDES Y VERDADERAS.

Además, podemos tomarnos un tiempo para descubrir atributos o cualidades de Dios y así en nuestra cita digamos por ejemplo: "te amo porque eres lento para la ira y grande en misericordia", "te amo pues eres omnipotente y omnipresente", "te amo porque tú pensaste en mí desde antes de los tiempos, me formaste en el vientre de mi madre", "te amo porque tu amor dura por siempre", etc.

En los Salmos, en los Proverbios, en realidad en cualquier libro de la Biblia encontramos muchas cualidades especiales de Dios por las cuales alabarlo, bendecirlo, amarlo... "Te amo Señor porque no te busqué yo, sino tú me buscaste primero". "Te amo porque me conduces por aguas tranquilas, de reposo y porque el bien y la misericordia me seguirán todos los días de mi vida"... Tomemos la Biblia y leamos algún Salmo, algún Proverbio y comencemos a practicar estas alabanzas.

NO IMPORTA QUÉ TAN ALEJADOS NOS SINTAMOS, QUÉ TANTO HAYAMOS DESPERDICIADO NUESTRA VIDA O SI PENSAMOS QUE NOS HEMOS EQUIVOCADO, O PECADO, QUE ESTAMOS SUCIOS... ÉL SIEMPRE NOS ESPERA.

Talvez podamos pensar que no somos "dignos" para poder hablar con Dios o para tener una relación de amistad, de amor con Él, de Padre a hijo o a hija, que eso es solo para gente especial.

Si en ocasiones llegamos a pensar esto, recordemos que Dios nos dice algo muy importante: No importa qué tan alejados nos sintamos, qué tanto creamos que hemos desperdiciado nuestra vida, si pensamos que nos hemos equivocado o pecado, que estamos sucios... eso a Dios no le importa, al contrario, recordemos lo que el mismo Jesús dijo que no vino por los justos y contó esta historia que es muy conocida pero que en muchas ocasiones deberíamos volver a leer.

Invito a que lo hagamos, cambiando el nombre del hijo pródigo por el nuestro (así cuando leamos cambiemos el nombre, tú colocarás el tuyo y yo el mío)... así: "Un hombre tenía dos hijos -continuó Jesús-. El menor de ellos (tu nombre) le dijo a su padre: 'Papá, dame lo que me toca de la herencia.' Así que el padre repartió sus bienes entre los dos. Poco después el hijo menor (tu nombre) juntó todo lo que tenía y se fue a un país lejano; allí vivió desenfrenadamente y derrochó su herencia.

Cuando ya lo había gastado todo, sobrevino una gran escasez en la región, y él comenzó a pasar necesidad. Así que fue y consiguió empleo con un ciudadano de aquel país, quien lo mandó a sus campos a cuidar cerdos. Tanta hambre tenía que hubiera querido llenarse el estómago con la comida que daban a los cerdos, pero aun así nadie le daba nada. Por fin recapacitó y se dijo: '¡Cuántos jornaleros de mi padre tienen comida de sobra, y yo aquí me muero de hambre!' Tengo que volver a mi padre y decirle: Papá, he pecado contra el cielo y contra ti. Ya no merezco que se me llame tu hijo; trátame como si fuera uno de tus jornaleros.' Así que emprendió el viaje y se fue a su padre. Todavía estaba lejos cuando su padre lo vio y se compadeció de él; salió corriendo a su encuentro, lo abrazó y lo besó. El joven le dijo: 'Papá, he pecado contra el cielo y contra ti. Ya no merezco que se me llame tu hijo.' Pero el padre ordenó a sus siervos: '¡Pronto! Traigan la mejor ropa para vestirlo. Pónganle también un anillo en el dedo y sandalias en los pies. Traigan el ternero más gordo y mátenlo para celebrar un banquete. Porque este hijo mío (tu nombre) estaba muerto, pero ahora ha vuelto a la vida; se había perdido, pero ya lo hemos encontrado.' Así que empezaron a hacer fiesta.[9]

Esta parábola es una de las que más fielmente nos muestra el amor de Dios, no importa si nos equivocamos, no importa si nos ensuciamos, si desperdiciamos nuestro dinero o recursos, si por ignorancia o por algún vicio, perdimos alguna oportunidad o un hogar, hijos, esposa, esposo... No hay nada que hayamos hecho que nos impida tener la misericordia, el perdón y el amor de Dios.

Si nos arrepentimos de corazón y le pedimos que nos perdone, Dios lo hará gustoso porque, así como el Padre de la parábola, Dios todos los días nos espera y cuando volvemos a su lado sale corriendo a nuestro encuentro y hace fiesta, nos entrega no sólo su perdón sino su incomparable e incomprensible amor.

Sé que esto es difícil de creer, suena "demasiado bueno para ser cierto", porque estamos acostumbrados a que si nos equivocamos, si hacemos algo mal debemos recibir un castigo, a que las oportunidades no vuelven, que si cometemos un error eso es para toda la vida... Pero debemos pensar que el castigo que nos correspondía lo asumió Jesucristo.

Cuando le abrimos el corazón haciendo la oración para recibirlo como nuestro Señor y Salvador, Él perdonó nuestros pecados y sanó nuestra vida. Somos una nueva persona para Dios y el pasado simplemente quedó atrás. Créelo, tu vida y mi vida, valen la sangre de Jesús, su sacrificio. Él nos ama y lo más importante lo hizo para que tú y yo pudiéramos vivir libres, sin culpa y tener una vida plena.

No tengamos miedo de llegar ante Él, la Biblia dice en Hebreos 4,16 que nos acerquemos confiadamente al trono de su Gracia.

Dios nos ama, nos quiere perdonar, ayudar y bendecir. Reunámonos a diario con Él y sigamos leyendo para que Dios siga hablándonos a nuestro corazón.

¡DIOS NOS ESPERA!

---

[5] Jeremías 33,3
[6] También encontramos esta cita en Marcos 12,30 y en Lucas 10,27.
[7] Mateo 6,11
[8] Mateo 6,33
[9] Lucas 15,11-23.

CAPÍTULO III
DIOS NOS PERDONA

En los capítulos anteriores hablamos del amor de Dios y de cómo nos espera. Aprovechando esta recapitulación, quiero hacer una pequeña sugerencia para que saquemos más provecho a este libro, sería bueno que vayamos poniendo en práctica lo que leemos. Es decir, que comencemos a tener una cita con Dios, que comprendamos que nos ama profundamente y así, lo que vayamos aprendiendo, tratemos de ponerlo en práctica para que comencemos ya nuestro camino con Jesús. En este capítulo exploraremos un tema crucial en nuestra relación con Dios: el perdón.

En realidad, una gran barrera por la que no podemos orar y tener una relación buena con nuestro Creador es la falta del perdón hacia los demás, hacia nosotros mismos o hacia Dios. Muchas veces inclusive creemos que no puede perdonar nuestras faltas, pero en realidad, los que no podemos perdonar somos nosotros. Leamos un poco más para ver en qué etapa del perdón nos hemos detenido y lo importante que es esto para nuestra sanidad interior y exterior, ya que incluso se cree que algunas enfermedades tienen su origen en la falta de perdón.

Arrepentimiento para obtener el perdón de Dios

Les ha pasado que en algunas ocasiones nos sentimos sucios, pequeños y no merecedores de la gracia de Dios. Si nos sintiéramos así, quiero que recordemos que no importa qué tan grande sea nuestro pecado, la misericordia de Dios es aún más inmensa para perdonarnos. Dios nos la da si nos arrepentimos de todo corazón, si le confesamos nuestras faltas y le pedimos su perdón.

Dios nos perdona, Jesucristo ya pagó por tus errores y por los míos, se subió a una cruz hace más de 2,000 años para que pudiéramos recibir el perdón de nuestros pecados. Para que lo viéramos como un padre no como un juez.

> "SI ELLA HA AMADO MUCHO ES QUE SUS MUCHOS PECADOS LE HAN SIDO PERDONADOS. PERO A QUIEN POCO SE LE PERDONA, POCO AMA".

Pensémoslo, Él estaba allá arriba clavado, muchas personas se burlaban, muchos lo ignoraban, como tú y yo lo ignoramos cuando seguimos cargando nuestros pecados pasados y no nos damos cuenta que ya pagó por ellos, que podemos ser libres.

Pero Él sí sabía porqué estaba ahí, por quién extendía sus brazos. No dudo que en su agonía haya visto tu rostro y el mío, por eso soportó tan heroicamente el dolor, por eso entregó su vida, pues estaba entregándonos un futuro de gracia, de amor, de misericordia y de perdón eterno, es decir una oportunidad de vida o muchas.

¿Qué pasa con los errores o pecados presentes y futuros?, cuando aceptamos a Cristo somos perdonados, pero eso no quiere decir que nos volvemos santos, pero sí que comenzamos una nueva vida, en la que tendremos tropiezos, intentaremos y talvez caigamos o nos equivoquemos, pero si nos arrepentimos de corazón y le pedimos perdón, debemos tener la certeza que Él nos perdona y nos perdonará las veces que sea necesario, para que sigamos intentando caminar con Él, pero hay que tener un genuino arrepentimiento. Hay una historia en la Biblia, donde podemos verlo claramente, este pasaje se encuentra en el Evangelio de Lucas 7,36-50 "Uno de los fariseos invitó a Jesús a comer, así que fue a la casa del fariseo y se sentó a la mesa. Ahora bien, vivía en aquel pueblo una mujer que tenía fama de pecadora. Cuando ella se enteró de que Jesús estaba comiendo en casa del fariseo, se presentó con un frasco de alabastro lleno de perfume. Llorando, se arrojó a los pies de Jesús, de manera que se los bañaba en lágrimas. Luego se los secó con los cabellos; también se los besaba y se los ungía con el perfume.

Al ver esto, el fariseo que lo había invitado dijo para sí: 'Si este hombre fuera profeta, sabría quién es la que lo está tocando, y qué clase de mujer es: una pecadora.'

Entonces Jesús le dijo a manera de respuesta: –Simón, tengo algo que decirte.

-Dime, Maestro -respondió. -Dos hombres le debían dinero a cierto prestamista. Uno le debía quinientas monedas de plata, y el otro cincuenta. Como no tenían con qué pagarle, les perdonó la deuda a los dos. Ahora bien, ¿cuál de los dos lo amará más? –Supongo que aquel a quien más le perdonó -contestó Simón. –Has juzgado bien -le dijo Jesús.

Luego se volvió hacia la mujer y le dijo a Simón: –¿Ves a esta mujer? Cuando entré en tu casa, no me diste agua para los pies, pero ella me ha bañado los pies en lágrimas y me los ha secado con sus cabellos. Tú no me besaste, pero ella, desde que entré, no ha dejado de besarme los pies. Tú no me ungiste la cabeza con aceite, pero ella me ungió los pies con perfume.

Por esto te digo: si ella ha amado mucho, es que sus muchos pecados le han sido perdonados. Pero a quien poco se le perdona, poco ama.

Entonces le dijo Jesús a ella: –Tus pecados quedan perdonados. Los otros invitados comenzaron a decir entre sí: '¿Quién es éste, que hasta perdona pecados?' –Tu fe te ha salvado -le dijo Jesús a la mujer-; vete en paz".

Pensemos en esto: al que se le perdona mucho, ama mucho... Así, quizás los más amantes de Jesús, somos aquellos a los que nos perdonó o nos perdona grandes faltas. ¿Qué fue lo que hizo que Jesús perdonara a esa mujer? No fue que derramara un perfume caro, sino que trajo lo mejor que tenía y lo derramó delante de Él. Derramó su perfume y su corazón con lágrimas genuinas de arrepentimiento. Todos ahí la criticaron, pero Jesús, con su misericordia, no sólo la defiende si no la perdona, además, le dice "vete en paz, tu fe te ha salvado".

Esa es la seguridad que debemos tener, que si nos arrepentimos de corazón nos perdonará, sea cual sea la falta que hayamos cometido.

Si esto no fuera cierto, ¿cómo podría decir Dios que David fue un hombre conforme a su corazón? y literalmente, le dice a Salomón: "Y si anduvieres en mis caminos, guardando mis estatutos y mis mandamientos, como anduvo David tu padre, yo alargaré tus días…"[10]

¿David?, culpable de adulterio, autor intelectual de un homicidio... pero, Dios dice que anduvo en sus caminos y que guardó sus mandamientos... ¿Por qué? porque David se arrepintió de corazón y ese pecado, no estuvo más delante de los ojos de Dios.

Leamos este pasaje que encontramos en 2a. Samuel 12,13 "¡He pecado contra el Señor! reconoció David ante Natán. El Señor ha perdonado ya tu pecado, y no morirás contestó Natán". "El Señor ha perdonado ya"... Nota que Natán habla en pasado.

Ahora veamos lo que escribe David en el Salmo 103,10-13: "No nos ha tratado según nuestros pecados, ni nos ha pagado conforme a nuestras iniquidades. Porque como están de altos los cielos sobre la tierra, Así es de grande Su misericordia para los que Le temen (reverencian).

Como está de lejos el Oriente del Occidente, así alejó de nosotros nuestras transgresiones. Como un padre se compadece de sus hijos, así se compadece el Señor de los que Le temen".

¡Como están de alto los cielos sobre la tierra... Como está de lejos el oriente del occidente...Así de grande es su misericordia!, ése es nuestro Dios, un padre perdonador, amoroso, comprensivo. Por favor, seamos humildes y aceptemos su perdón, creamos que es capaz de hacerlo, no permitamos que el sacrificio inmenso de Jesucristo sea en vano, ya no carguemos más con el pasado, con culpas que ya no nos deben seguir.

"PORQUE SI PERDONAN A OTROS SUS OFENSAS, TAMBIÉN LOS PERDONARÁ A USTEDES SU PADRE CELESTIAL. PERO SI NO PERDONAN A OTROS SUS OFENSAS, TAMPOCO SU PADRE LES PERDONARÁ A USTEDES LAS SUYAS".

Sepamos que no somos perfectos, que aunque nos equivoquemos no "nos descalifiquemos" de la vida cristiana o de la cercanía o servicio para Dios por nuestros errores o pecados, sigamos intentando, aunque caigamos en el mismo error, sigamos intentando, llamemos al pecado por su nombre y pidámosle a Dios su misericordia, fuerzas y sabiduría para vencer esas tentaciones.

Puedo asegurar que Dios quiere hacer grandes cosas contigo y a través de ti, sus sueños para tu vida no han terminado, no te quedes a media carrera, Dios te ama y puede sacarte de ese vicio, de ese error, de ese pecado, inténtalo una vez más, pero pidámosle a Él que bendiga este intento y que nos permita vencer al pecado.

PERDONAR ES UNA DECISIÓN, HUMANAMENTE ES MUY DIFÍCIL, PERO CON DIOS TODO ES POSIBLE.

Así, arrepintámonos, confesemos nuestro pecado y recibamos su perdón, su gracia. "Si confesamos nuestros pecados, El es fiel y justo para perdonarnos y para limpiarnos de toda maldad (iniquidad)", nos dice San Juan (1a Juan 1,9) y lo reitera en (1a. Juan 2,1): "Mis queridos hijos, les escribo estas cosas para que no pequen. Pero si alguno peca, tenemos ante el Padre a un intercesor, a Jesucristo, el Justo".

Setenta veces siete

Ahora, es hermoso que Dios nos perdona, pero... y nosotros, con nuestros hermanos, hermanas, amigos, líderes, compañeros, jefes, vecinos, religiosos o personas que nos han ofendido o que nos ofenden ¿qué debemos hacer? pues, aunque debamos respirar profundamente, intuimos la respuesta: per-do-nar-los, perdonarlos, PERDONARLOS. Recordemos cuando Pedro se acercó a Jesús para preguntarle "¿cuántas veces perdonaré a mi hermano que peque contra mí? ¿Hasta siete?" y la respuesta de Jesús es ampliamente conocida, "No te digo hasta siete, si no hasta setenta y siete veces!"[11].

De igual forma tenemos esta instrucción en Mateo 6,9-15 "Ustedes deben orar así: Padre nuestro que estás en el cielo, santificado sea tu nombre, venga tu reino, hágase tu voluntad en la tierra como en el cielo. Danos hoy nuestro pan cotidiano. Perdónanos nuestras deudas, <u>como también nosotros hemos perdonado a nuestros deudores</u>. Y no nos dejes caer en tentación, sino líbranos del maligno.

Porque si perdonan a otros sus ofensas, también los perdonará a ustedes su Padre celestial. Pero si no perdonan a otros sus ofensas, <u>tampoco su Padre les perdonará a ustedes las suyas</u>". (subrayado de la autora).

Más claro no nos lo puede decir, en otras palabras: lo que recibimos por gracia, debemos darlo por gracia.[12] Si nos han perdonado, nosotros también debemos perdonar. Una cuestión muy importante, perdonar es una decisión, humanamente es muy difícil hacerlo, pero con Dios sí se puede. Dios sólo espera que tomemos la decisión sincera de perdonar a alguien, luego Él pone en nosotros la fuerza, el poder y el amor suficiente para lograrlo.

Quiero contar una historia real que sucedió en mi grupo de oración, una amiga testificó una vez que ella no podía perdonar a la mujer con la que su marido había tenido una aventura, pues la había hecho sufrir mucho.

En cualquier lugar donde se la encontrara se detenía y le decía lo que esta mujer se merecía, le gritaba, la humillaba y en pocas palabras le hacía una escena. Cuando vimos este tema, ella tomó la decisión de perdonarla. Poco tiempo después se la encontró y en esa ocasión, siguió de largo y ya no le dijo nada. Con esa actitud experimentó una paz que no tenía en su vida, en su mente y en su corazón. Su matrimonio se recuperó desde entonces porque Dios bendijo esa decisión.

Debemos comprender que perdonar no significa olvidar como si te diera amnesia, tampoco significa justificar al agresor o la agresión recibida (es mi culpa, me lo merecía, yo provoqué eso...) y tampoco significa estar de acuerdo con lo que pasó. Perdonar significa dejar atrás, dejarle las cosas a Dios y limpiarnos de amargura, de resentimiento, ver hacia adelante las cosas buenas que Dios tiene para nosotros, es volver a vivir, dejando atrás eso que "nos ata", que nos impide ser felices. También te comparto un testimonio mío, tengo muchos años de trabajar para una empresa grande, una corporación, un día estaba en la Planta productora cuando el nuevo jefe de seguridad me dijo algo que me hirió profundamente y lastimó mi dignidad como mujer.

Nunca había experimentado en mi vida algo así, no sabía lo que se sentía. Me podían preguntar de rechazo, dolor, enfermedad, traición, robos, incomprensión, menosprecio, etc., pero que pisotearan mi dignidad como persona y como mujer, fue algo terrible, que me puso mal, me sentí mal, avergonzada con ganas de enviar a toda la empresa literalmente al infierno y nunca volver a trabajarles. Por necesidad no pude hacerlo y tenía que volver a ver una y otra vez a esta persona que fue la que más daño me ha hecho en mi vida...

Aunque sabía que debía perdonarlo, era algo que me costaba y un día en la iglesia justamente me lo encuentro, no solo en la misma iglesia, sino en la banca de enfrente... Sentí la voz de Dios que me decía que debía perdonarlo definitivamente. El Señor me habló durante las lecturas, en la prédica y a la hora de darnos el saludo, tomé la decisión y lo perdoné. Luego lo vi y me maravillé de la experiencia liberadora del perdón.

Pude sonreír nuevamente y recuperar mi dignidad, no ofendiéndolo, no reclamándole, sino comprendiendo su humanidad y perdonándolo. Dios se ocupará del resto, pero yo estoy libre de eso.

Niveles del perdón

Es importante mencionar que cuando hablamos de perdonar, hablamos de tres niveles, como mencionaba un predicador citando a San Francisco de Asís.

El primer nivel es perdonar a Dios. Sí porque muchas veces lo hacemos culpable de nuestros errores, de cosas que nos suceden. Él no ha hecho nada más que amarnos, darnos la vida, crearnos para que seamos como somos, bendecirnos, soñar con nosotros. Él merece nuestra total devoción y agradecimiento y lejos de eso, muchas veces, nos enojamos con Él, le hacemos 'berrinches' porque no cumple nuestros antojos, nuestros deseos o porque no soluciona nuestros problemas de la forma en que queremos. "La necedad del hombre le hace perder el rumbo, y para colmo se irrita contra el Señor" (Proverbios 19,3 DHH).

A veces nos enojamos con Dios por algo que sucedió, alguna tragedia, algún problema, alguna pérdida... Las cosas suceden por algo y probablemente Dios en algún momento nos hará comprender sus decisiones, pero a veces pensamos que no escuchaba nuestra desesperación o que no nos brindó su mano. En realidad Dios sí lo hizo, enjugó cada lágrima de nuestros ojos, nos sostuvo cuando nuestras fuerzas decayeron, cuando todos nos abandonaron, cuando lo perdimos todo, cuando estuvimos en el momento más sombrío de nuestra vida, en la noche más oscura del alma, ahí estuvo Él. Aunque no lo alcancemos a comprender, puedo asegurar que Dios nunca nos dejó y sea lo que sea que haya sucedido, tenía alguna razón, algún propósito, por extraño, desgarrador o terrible que parezca.

Esa es una convicción que debemos tener, sobre todo al afrontar la pérdida de seres queridos. Dios no nos ha traicionado, ni olvidado. Algún día sabremos porqué sucedieron las cosas, pero Dios es soberano y sobre todo un DIOS BUENO; todo ocurre para bien de los que lo aman. Por favor debemos interiorizar esto y creer lo que nos dice en Romanos 12,2 "...La voluntad de Dios es buena, agradable y perfecta", aunque no la comprendamos o no sea lo que queremos o esperamos, no significa que Dios se equivoque.

Una amiga me compartió su testimonio. Ella perdió a su mamá en un accidente, aún cuando creyó que Dios la sanaría no pasó así. Cuando murió ella se enojó con Dios y no quiso volver a entrar a una iglesia, pasó así años, hasta que comprendió y logró "perdonar a Dios", quisiera que lo leamos directamente de sus palabras en esta carta que le pedí que escribiera a su mamá:

"Querida mamá: su partida me dejó devastada quizá porque nunca siquiera imaginé la posibilidad de que me faltara, llenaba tanto la vida de cada uno de nosotros con tanta entrega, alegría y positivismo que la creí inmortal, hasta ese día. No sé que duele más al perder un ser querido, si, que el hecho suceda de repente o si nos vamos preparando poco a poco, lo cierto mami es que la extraño mucho, y después de 10 años la sigo llorando con un dolor transformado en resignación y entrega a Dios, algo que no quise hacer en el momento oportuno y que me hubiera evitado largos meses de dolor porque unido a su partida tenía la sensación y la frustración de que DIOS me había fallado, me enojé largos meses con Él y le reclamé tanto, hasta que en su infinita misericordia me fue develando cuál era su plan. Llegué a entender que no importa lo que pidamos, cuando sabe que es nuestro día, el día de nuestra salvación eterna, no hay nada ni nadie que lo pueda evitar, porque DIOS nos ama y sabe que la verdadera vida está en el cielo con Él y no importa el cómo, llámese enfermedad o muerte repentina, ese es el método que DIOS utiliza para llevarnos a su Gloria. Una vez que comprendí esto la carga se me hizo menos pesada y pude entregársela, Mami, a DIOS. No quiere decir que no había ya dolor, porque siempre estará allí, pero ya era con propósito, transformado en cierta Paz interior que me ayudó a acercarme más a DIOS".

Creo que nadie podría haber escrito mejor esto que una persona que ha experimentado algo así y Dios le permitió comprender sus propósitos.

Recapitulando, en primer lugar, debemos decidir perdonar hoy a Dios, por las cosas de las cuales nosotros lo hemos hecho culpable, por aquellas cosas que no comprendemos y por las cosas en las que pensamos que nos falló o que no actuó como esperábamos y lo hacemos responsable. ¡Ese es un excelente primer paso para una relación positiva e íntima con Dios!

El segundo nivel, es decidir perdonar a los que nos han hecho daño, sea lo que sea que nos hicieran, por más terrible y cruel que fuese, como lo vimos en el tema anterior, Dios va a honrar grandemente esa decisión. Pensemos que si algunos padres han logrado perdonar a los criminales que han asesinado a sus hijos o al contrario, hijos han perdonado a los asesinos de sus padres, si nosotros no hemos pasado por una experiencia tan extrema, deberíamos ser capaces de perdonar a los que nos hayan ofendido, robado, abusado, insultado, criticado, difamado, humillado, estafado, abandonado, traicionado, etc.

No digo que sea fácil, ni que justifiquemos a los que nos faltaron en alguna forma, digo que si tomamos la decisión de perdonarlos, Dios nos va a apoyar. Recordemos también que la falta de perdón hace que surjan en nosotros raíces de amargura que nos pueden contaminar y a todos a nuestro alrededor, como lo dice la Biblia en Hebreos 12,15.

Lo mejor para nuestras vidas es limpiarnos, perdonar para vivir una vida sana y feliz, si le pedimos a Dios que nos ayude a perdonar, entonces sí se puede, con Dios todo es posible. Sólo digámosle que tomamos la decisión de perdonar a _____ y que nos dé las fuerzas.

Podríamos ir más allá si queremos limpiar nuestra vida por completo y pedirle que nos muestre a todas las personas que debemos perdonar e ir haciéndolo en oración uno a uno hasta terminar con la lista completa, sea del tamaño que sea.

Finalmente, en un **tercer nivel, debemos decidir perdonarnos a nosotros mismos**. Quizás este es el perdón más difícil, el que más cuesta dar. Creemos que todos merecen otra oportunidad excepto nosotros y nos acordamos de nuestro pasado y de nuestros errores, una y otra vez. Por favor aceptemos que no somos perfectos, que muchas veces decimos o hacemos cosas equivocadas por las que necesitaremos perdonarnos, pero no olvidemos las muchas cosas que hacemos o que hicimos bien.

No solo necesitamos el perdón para Dios o para los demás, sino nuestro propio perdón. Quiero decir que no perdonarnos es una falta de humildad, es no querer reconocer o aceptar que no somos perfectos. Una vez le dije a Dios que no era un buen modelo para predicar o para compartir los mensajes que pone en mi corazón, pues cometo muchos errores, a veces me traiciona mi carácter, me enojo o talvez lastimo sin darme cuenta, entre otras cosas. Él tiernamente me dijo: -¡Yo no exijo perfección, exijo amor!

Es cierto, por amor uno trata de hacer las cosas bien, por amor uno trata de agradar y de hacer sentir bien a los demás, por amor uno se abstiene de muchas cosas, hacemos sacrificios... Eso quiere Dios: que amemos, que lo amemos, pues sabe que no somos perfectos, somos perdonados. Pero si lo amamos, vamos a tratar con todas nuestras fuerzas de mejorar cada día y de darle la oportunidad que nos cambie de adentro hacia afuera, que transforme nuestro corazón de "piedra" y nos coloque uno de "carne". (Ezequiel 11,19).

Por eso, lo repito, si nos arrepentimos de corazón, ese pasado, esos pecados ya no están más en la presencia de Dios. Vamos a sufrir las consecuencias, sí, pero Dios ya nos perdonó. Perdonémonos a nosotros mismos, y pidamos a Dios su ayuda para enfrentar las consecuencias de esos errores y seguir adelante. ¿A qué me refiero? Por ejemplo si alguien cometió adulterio y se arrepintió, Dios la o lo perdonó, según quien haya sido en la pareja, pero tiene ahora que ganarse la confianza y el respeto de su cónyuge, etc. Esa es la consecuencia, pero esa persona cuenta con el perdón y la misericordia de Dios. Otro ejemplo, si hay un embarazo antes de casarse, Dios perdona la falta, pero hay que cuidar y educar a ese niño, entre otras cosas que podemos mencionar. Quiero que comprendamos que Dios es compasivo, más que tú y yo. Él nos perdona y si tenemos un genuino arrepentimiento podremos alcanzar su corazón, su amistad, sus bendiciones, su misericordia, como lo hizo David, a quien llamó "un hombre conforme a mi corazón" (Hechos 13,22).

NO PERDONARNOS A NOSOTROS MISMOS ES UNA FALTA DE HUMILDAD, ES NO QUERER RECONOCER O ACEPTAR QUE NO SOMOS PERFECTOS Y QUE PODEMOS EQUIVOCARNOS, COMO TODOS LOS DEMÁS.

Quiero comentarte que yo también vivía atormentada por mi pasado, pensaba que había herido a muchas personas, pues fui muy prepotente y orgullosa. Tuve cosas muy buenas, pero, ¡qué curioso! esas cosas no estaban en mi memoria, y las malas sí. Ante esto, una vez le pedí a Dios que me permitiera recordar mi pasado sólo cuando necesitara aprender algo. Así terminé con ese sufrimiento constante y ese fantasma que no me dejaba ser feliz del todo y que siempre hacía que me sintiera mal por los errores que había cometido.

Ahora mi pasado es sólo eso, pasado. Cuando tomé esta decisión Dios me permitió ver cosas buenas que hice y obviamente olvidé; me encontré con gente a la que apoyé o ayudé o a la que le di aliento en algún momento, personas por las que hice algo o muchas cosas buenas. Dios me enseñó con ello que una vez Él perdona, olvida para siempre y que nosotros tenemos que actuar de la misma forma.

Pedir perdón y perdonar

Del perdón se puede escribir mucho, pero hay otra idea que quiero mencionar antes de terminar este capítulo, dice la Biblia en Mateo 5,23-24 "Por lo tanto, si estás presentando tu ofrenda en el altar y allí recuerdas que tu hermano tiene algo contra ti, deja tu ofrenda allí delante del altar. Ve primero y reconcíliate con tu hermano; luego vuelve y presenta tu ofrenda". Sí, de eso se trata también: en cuanto sea posible, debemos pedir perdón si hemos hecho algún daño. Esta es también una muestra especial de humildad, ser capaz de llegar ante la presencia de alguien y decirle "lo siento" o "perdóname".

"Lo siento", "Perdóname"... Son palabras claves que pueden salvar a familias de distanciamientos, a ejecutivos y jefes de problemas innecesarios, a matrimonios de divorcios y a amistades de separaciones. ¿Cuántas amistades de años se han terminado por pequeños malentendidos y por no ser capaces de reconocer que nos equivocamos, que cometimos un error y disculparnos?

Si ceder por un minuto representa toda una vida de ganancia ¿por qué no hacerlo? Hay matrimonios que se han acabado por ese minuto de orgullo, amistades de toda la vida por una expresión inadecuada, familias por una frase mal dicha. Hijos han dejado sus hogares, se han quedado a vivir en las calles y sufrir penalidades, por no ser capaces de perdonar o de pedir perdón... Las estadísticas de este fenómeno son impresionantes y tristes, muchos se vuelven drogadictos, se prostituyen y pierden sus vidas, por no regresar, admitir su error y pedir perdón o por no perdonar los errores de los padres.

Lo más triste es que a veces hacemos lo mismo, sentimos que es más fácil alejarse que pedir perdón y lo hacemos con amigos, incluso con Dios, en lugar de doblar nuestras rodillas y pedirle perdón, nos alejamos y comenzamos una vida de desenfreno, como el hijo pródigo que leímos en la parábola, algunos hasta que tocan fondo regresan y otros simplemente se pierden, desperdiciando vidas valiosísimas... Espero que no nos suceda esto, pidamos la guía de Dios, tomemos la decisión, perdonemos y pidamos perdón.

Cuando se otorga un perdón o se le pide perdón a alguien que uno haya ofendido se "rompe algo a nivel espiritual" y nuestra vida se vuelve más plena. Trata de experimentar esto, ve con tu papá o tu mamá, dile que te perdone si no lo has cuidado como la Biblia nos dice a los hijos que debemos hacerlo, si no fuimos los mejores hijos, pidamos perdón y nota como se "rompe algo" a nivel espiritual y su relación se vuelve completamente plena y diferente.

Una amiga comentó que había llegado donde su papá y le había dicho: – Papi la Biblia dice que tengo que honrarlo y cuidarlo, quiero pedirle perdón porque no lo he hecho. Dijo que los dos lloraron, se perdonaron mutuamente y después de eso, algo cambió en el ambiente, en su relación y pudo vivir los mejores años en su relación con su papá.

Al esuchar ese testimonio, hice algo similar con mi papá y después de ese momento creo que todo fue diferente entre nosotros también y pude sentir plenamente el cariño que tanto le costaba mostrar. Ahora que él ya está en la presencia de Dios me alegro que tuvimos ese instante y que eso marcó una relación más plena entre ambos.

Otro gran hombre de Dios comentó que una vez que hizo una lista de todas las personas a las que él pensaba que en algún momento les falló, hizo o dijo algo inapropiado e hizo otra lista con lo contrario, es decir, todas aquellas personas que le habían hecho daño en algún momento de su vida.

Un día oró con esta segunda lista y fue perdonando uno por uno, a cada persona que escribió en ella. Con la primer lista (la gente a la que él le había hecho daño), hasta donde pudo, fue a buscar a esas personas para pedirles perdón. Eso "rompió" en él algo que sentía que lo ataba y permitió que Dios derramara en abundancia bendiciones sobre su vida y su familia.

Con estos ejemplos es importante que sepamos que nuestras acciones pueden tener consecuencias no solo para nuestra vida, sino para nuestra familia también, para nuestros hijos o familiares, pues nuestras decisiones, pensamientos y palabras pueden afectarlos; por eso, tratemos de heredar solo bendición y buenas cosas; ésa es la clave para mantener familias unidas, es la clave para tener paz y para desatar la bendición de Dios, pues así podremos llegar al altar de Dios y presentar nuestra ofrenda, como dice la Escritura.

Dice Jesucristo "Ustedes han oído que se dijo: "Ama a tu prójimo y odia a tu enemigo." Pero yo les digo: Amen a sus enemigos y oren por quienes los persiguen, para que sean hijos de su Padre que está en el cielo. Él hace que salga el sol sobre malos y buenos, y que llueva sobre justos e injustos"[13]. No podía comprender este pasaje, lo sentía duro, difícil, pero un día me di cuenta que si yo oraba por las personas que me hacían daño ellos cambiarían y dejarían la maldad, por tanto ya no seguirían afectándome sus malas obras ni a mí nia nadie y comprendí que hay que actuar así. Además, nos dice Jesús que si hacemos esto tendremos nuestra recompensa.

Pensemos y meditemos en todo lo leído, si lo consideramos importante leamos este capítulo las veces que sea necesario, hasta que podamos dejar atrás dolor, rencor, amargura... Perdonémonos a nosotros mismos, perdonemos a los demás, perdonemos a Dios, pidamos perdón y decidámonos a comenzar una nueva vida. No carguemos más con ese peso, rompamos con maldiciones, con odios... ¡Esto es muy importante!, pues la única barrera que puede estorbar nuestra comunicación con Dios, es la falta de perdón.

¡DIOS NOS PERDONA!

---

[10] 1 Reyes 3,14
[11] Mateo 18,22
[12] Mateo 10,8b
[13] Mateo 5,43-45.

CAPÍTULO IV
DIOS NOS DA LA FE

Los científicos más eruditos han investigado sobre los formación de nuestro planeta, sobre la vida misma, han dado muchas teorías que tarde o temprano caen, surgiendo nuevas, y después de algún tiempo llegan a Dios. Lo llaman una "inteligencia superior", lo llaman "chispa de vida", "ordenador del universo", pero lo importante es que mientras más tratan de probar la inexistencia de Dios, más se convencen de su existencia, de hecho algunos físicos han anunciado que han formulado teorías que demuestran que Dios existe.

Pero ahora, a través de las redes sociales, de internet y de tantos programas de investigaciones y otros, podemos encontrar materiales, videos, artículos e historias orientados a confundirnos, a hacernos dudar de la existencia de nuestro Creador.

Por eso, cuando le entregamos nuestro corazón a Dios, cuando aceptamos a Jesucristo tenemos que tomar una decisión importante: creer en Dios y creerle a Dios.

Esta decisión es fundamental pues cuando comenzamos a ver lo que nos enseña la Biblia, nos damos cuenta que las cosas que nos dice debemos recibirlas por fe, porque muchas veces contradice nuestra "lógica". Por ejemplo, no es fácil comprender que si damos a la iglesia donde asistimos el 10% (o más) de nuestro sueldo, el 90% restante se multiplica y no sólo nos alcanza, sino nos rinde mucho más. Tampoco se pueden aceptar fácilmente frases y enseñanzas como "el que se humilla será exaltado", "los últimos serán los primeros", entre otras cosas. Jesús lo sabía, por eso anticipadamente nos dijo que tendríamos que "ser como niños", porque el reino de Dios no se recibe por sabiduría, sino por fe, es decir, debemos tomar la decisión de creer.

¿Qué entendemos por Fe?

En este momento debemos estar preguntándonos, pero ¿qué es la fe?, según Hebreos 11,1 "la fe es la garantía de lo que se espera, la certeza de lo que no se ve".

HAY MUCHAS COSAS QUE NO SON FÁCILES DE COMPRENDER, HAY MUCHOS MISTERIOS QUE SÓLO UNA VEZ QUE ESTEMOS FRENTE A DIOS PODREMOS PREGUNTARLE. ESTO FORMA PARTE DE LA SOBERANÍA DE DIOS.

Entonces fe es creer sin haber visto y así se lo dice Jesús a Tomás, podemos leerlo en Juan 20,29 " —Porque me has visto, has creído —le dijo Jesús—; dichosos los que no han visto y sin embargo creen".

¿Qué debemos creer?

Principalmente que Dios existe, que es nuestro Padre, que nos ama y que es UNO en tres Personas: Dios Padre, Dios Hijo y Dios Espíritu Santo. Debemos creer también que el Dios Hijo, vino al mundo encarnándose en el vientre de la Virgen María, Jesucristo, que vivió, que nos enseñó sobre como debíamos vivir; que hizo muchos milagros y que entregó su vida por nosotros y por nuestra salvación; que eligió apóstoles y los formó para instituir su Iglesia, y lo más importante, que resucitó de entre los muertos y que nos envió un consolador, un entrenador, su Espíritu Santo para que viva en nosotros y así, si escuchamos su voz, podamos tener su apoyo, su consejo, su guía y, con ello, una vida agradable a Él, para cumplir nuestro fin en esta tierra participando en su magnífico plan, el Reino de Dios.

¿Cómo deberíamos creer?

como cree un pequeño niño, sin alberga la menor duda. Este pasaje nos permite verlo con mayor claridad, se encuentra en Lucas 18,15-17: "También le llevaban niños pequeños a Jesús para que los tocara. Al ver esto, los discípulos reprendían a quienes los llevaban. Pero Jesús llamó a los niños y dijo: Dejen que los niños vengan a mí, y no se lo impidan, porque el reino de Dios es de quienes son como ellos. Les aseguro que el que no reciba el reino de Dios como un niño, de ninguna manera entrará en él".

"El que no reciba como un niño...", sabemos que los niños están ávidos por aprender del mundo que les rodea, quieren saber el porqué de todo, pero reciben y creen lo que se les dice. Ese espíritu, esa fe, ese creer sin tener la menor duda, es la que el Señor nos pide.

Ésa es la fe que puede mover la mano y el corazón de Dios, puede lograr un milagro o un milagro antes de tiempo, como lo hizo la Virgen María…, la fe puede cambiar a alguien, puede hacer que una persona ordinaria haga cosas extraordinarias... FE.

Ejemplos de personas que con su fe lograron que Jesús hiciera los milagros que necesitaban

En la Biblia tenemos grandes ejemplos de gente de Fe, comenzando por el Padre Abraham, Josué, Caleb, Ester, Elías, Eliseo,... pero veamos a cuatro personas normales, como tú y como yo, que se encontraron con Jesús y le mostraron su fe y con ello lograron que Jesús les hiciera los milagros que necesitaban.

En primer lugar, tenemos al Centurión Romano, (Centurión era un título que se le daba a los soldados romanos que se destacaban y que estaban a cargo de una centuria, que se componía generalmente por unos 80 hombres). Conozcamos su fe a través de esta lectura.

Al entrar Jesús en Capernaúm, se le acercó un centurión pidiendo ayuda.
—Señor, mi siervo está postrado en casa con parálisis, y sufre terriblemente.
—Iré a sanarlo —respondió Jesús.
—Señor, no merezco que entres bajo mi techo. Pero basta con que digas una sola palabra, y mi siervo quedará sano. Porque yo mismo soy un hombre sujeto a órdenes superiores, y además tengo soldados bajo mi autoridad. Le digo a uno: "Ve", y va, y al otro: "Ven", y viene. Le digo a mi siervo: "Haz esto", y lo hace.

Al oír esto, Jesús se asombró y dijo a quienes lo seguían:
—Les aseguro que no he encontrado en Israel a nadie que tenga tanta fe. Les digo que muchos vendrán del oriente y del occidente, y participarán en el banquete con Abraham, Isaac y Jacob en el reino de los cielos. Pero a los súbditos del reino se les echará afuera, a la oscuridad, donde habrá llanto y rechinar de dientes.

Luego Jesús le dijo al centurión:
—¡Ve! Todo se hará tal como creíste.
Y en esa misma hora aquel siervo quedó sano.[14]
(subrayado de la autora).

La segunda persona en este grupo de fe, es una mujer que dice la Biblia que padecía de "flujo de sangre" podemos comprender que eran hemorragias constantes, esto aunque se lea fácil, si recordamos las costumbres de la época tiene que haber sido sumamente difícil, pues cuando la mujer menstruaba la consideraban "impura" todo lo que ella tocaba o donde se sentase o acostase era considerado también impuro... por eso dice la Biblia que había gastado todo su dinero en médicos y no conseguía aliviarse. Vemos a una mujer desesperada, cansada de su enfermedad, una mujer excluida de la sociedad, pero con una fe que logra alcanzar su milagro. Era tal su fe que no pensó en pedirle oración a Jesús, ella pensó que con solo tocar la orilla, una punta del manto de Jesús quedaría sana y así fue. ¿Sanó porque tocó sus vestidos? No. Sanó porque tenía tanta fe, que conmovió el corazón de Dios[15].

Este milagro ocurre cuando Jesús iba a la casa de un Jefe de la Sinagoga para sanar a su hija que estaba enferma, quien alcanza también un milagro especial. Leámoslo juntos:

"Todavía estaba hablando Jesús, cuando llegaron unos hombres de la casa de Jairo, jefe de la sinagoga, para decirle:
—Tu hija ha muerto. ¿Para qué sigues molestando al Maestro?

Sin hacer caso de la noticia, Jesús le dijo al jefe de la sinagoga:
—No tengas miedo; cree nada más". (Marcos 5,35-36).

¿Sabemos como termina esta historia?, Jesucristo va a la casa de Jairo, encuentra a la niña ya muerta y la resucita.

Las palabras que le dice a Jairo son importantísimas: "No tengas miedo, cree nada más" esta frase repitámosla hasta que forme parte de nuestro diario vivir. No tengamos miedo, creamos.

Con esa actitud Jairo se convierte en nuestro tercer ejemplo de hombres y mujeres de fe.

La cuarta persona que me gustaría mencionar es una mujer que la Biblia dice que era Cananea, que tenía mucha necesidad y sobre todo una gran fe. Su hija necesitaba un milagro, Jesucristo al principio se rehúsa a atenderla, podemos creer que estaba probando su fe y después le dice que no está bien "quitarles el pan de los hijos para dárselos a los perros", pero esta mujer sabe que necesita un milagro, sabe quién puede hacerlo y sorprende a todo el mundo con su respuesta: "– Pero hasta

¿CÓMO SE SENTIRÁ EL CREADOR DEL CIELO Y DE LA TIERRA, DE LAS ESTRELLAS, DEL FIRMAMENTO, QUE PONGAMOS EN DUDA NO SÓLO SU PODER SINO SU GRAN AMOR HACIA NOSOTROS?

los perros comen de las migajas que caen de la mesa de sus amos" -qué increíble respuesta-.

Miremos lo que logra esa fe, con esta declaración de Jesús: —¡Mujer, qué grande es tu fe! —contestó Jesús—. Que se cumpla lo que quieres.[16]

Quiero comentar que a veces leemos solo la primer respuesta de Jesús y no nos gusta como trata a esta mujer, por ello nos "perdemos el milagro"...

A veces Jesús no nos va a responder o a actuar como esperamos, muchas veces quiere saber qué tan grande es nuestra fe, para ver si nos puede poner en otro nivel.

EL REQUISITO PARA PODER LOGRAR ALGO TAN GRANDE, FE DEL TAMAÑO DE UN GRANO DE MOSTAZA.

En esa prueba a veces nos hablará o no, podremos sentir su amor o su distancia, pero si somos capaces de aceptar que Él tiene su propia forma de hacer las cosas, que es soberano y que todo al final será para bien, sin que nuestra fe desmaye, sin que nos enojemos con Dios o decidamos dejar el grupo o la iglesia, entonces conseguiremos el milagro que tanto anhelamos.

Esa fe requiere de constancia, de convicción no de sentimientos, de confiar en la bondad y el amor de Dios.

Fe del tamaño de un grano de mostaza

Jesucristo dice que todos hemos recibido una medida de fe y también nos dice algo increíble en esta declaración que se encuentra en Lucas 17,6 "Si ustedes tuvieran una fe tan pequeña como un grano de mostaza -les respondió el Señor-, podrían decirle a este árbol: Desarráigate y plántate en el mar".

El requisito para poder lograr algo tan grande, fe del tamaño de un grano de mostaza, ¿alguna vez los hemos visto? son mínimos, milimétricos. Imaginémonos si con un poquito de fe, dice Jesús que podemos lograr cosas tan grandes y maravillosas, ¿qué podríamos lograr con una fe como la de Abraham, la de Moisés, la de Samuel, la de Elías o Eliseo?

Creer en Dios y creerle a Dios

¡Cuantos milagros hay registrados en la Biblia! y dice Juan que sólo se han colocado algunas de las cosas que hizo Jesús, pues si se escribieran todas, no alcanzaría el papel del mundo para hacerlo. ¡Qué más cosas habrá hecho nuestro Maestro!, ¿cuántas cosas podrá hacer ahora por nosotros?

Sí, Él es el mismo de ayer, lo es hoy y lo será por los siglos. Pero, necesitamos fe para creer. Aquí hay algo importante, como mencioné antes, debemos tener fe en Dios (creer **en** Dios) y fe en lo que puede y quiere hacer (creerle **a** Dios).

¿Qué significa esto? Muchas veces creemos que Dios tiene poder para hacer muchas cosas, pero no creemos que nos quiera ayudar, bendecir, sanar, prosperar... Eso sería no creerle.

Cuando pensemos algo así quizás debamos recordar el pasaje cuando Jesús se encontró con un leproso y éste le dijo "Señor si quieres puedes limpiarme". Jesucristo le dijo: "¡Sí quiero! ¡Queda limpio!"[17] (este pasaje nos demuestra que Él puede y quiere). ¿Hemos leído algún pasaje de la Biblia en el que Jesús dejó de ayudar o no sanó a alguna persona?, entonces... ¿por qué no creemos que puede sanarnos o ayudarnos?

Pero veamos lo que sí dice en Mateo 13, 57-58; "Pero Jesús les dijo: —En todas partes se honra a un profeta, menos en su tierra y en su propia casa. Y por la incredulidad de ellos, no hizo allí muchos milagros". La palabra clave aquí es la "incredulidad", por eso no hizo muchos milagros.

Es decir, si somos capaces de creer obtendremos nuestro milagro, Jesús lo aclara bien en este pasaje de Marcos 9,14-27 es la historia de un padre cuyo hijo tenía un demonio y se lo lleva a Jesús, los discípulos no pudieron hacer nada por él y el padre del niño le dice:

"Si puedes hacer algo, ten compasión de nosotros y ayúdanos.
–¿Cómo que si puedo? Para el que cree, todo es posible.
–¡Sí creo! -exclamó de inmediato el padre del muchacho-.¡Ayúdame en mi poca fe!

Me encanta esta declaración de ese padre, "Sí creo, ayúdame en mi poca fe", es como si quisiera decir quiero creer en ti, pero me es difícil porque aún no te conozco, necesito que me ayudes, que me bendigas, que aumentes mi fe, bendice mi búsqueda, mi disposición.

Talvez sea la oración que todos debemos hacer... Sí creo, sí creemos, ayúdanos en nuestra poca fe y recordemos esto "Al que cree TODO le es posible".

Fe para agradar a Dios

La Biblia dice también algo muy importante en Hebreos 11,6 "En realidad, sin fe es imposible agradar a Dios, ya que cualquiera que se acerca a Dios tiene que creer que Él existe y que recompensa a quienes lo buscan".

Este pasaje es muy importante y aclara esto mismo, que debemos creer en Dios "Cualquiera que se acerca a Dios tiene que creer que Él existe" y creerle a Él "y que recompensa a quienes lo buscan".

No se trata de caer en la búsqueda de la recompensa, sino de entender el amor del Padre y de su misericordia, del cual conversamos ya en el capítulo primero de este libro.

Recordemos que la fe es es tan importante que si no la tenemos no podemos agradar a nuestro Padre... Esto es fácil de comprender, pensemos por un momento si alguna vez hemos querido impresionar a alguien, a nuestros padres, a un maestro, a nuestro cónyugue, a una amiga o a alguien importante para nosotros y hemos escuchado que esa persona no cree que seamos capaces de hacer algo en particular, ¿cómo nos sentimos? ... mal, por supuesto.

Recuerdo que algunas veces alguien muy importante para mí, sin querer, me hizo sentir precisamente así. Dijo algo que significaba que yo nunca lograría salir adelante o progresar en la vida y recuerdo que me dolió bastante, pues yo hubiera querido escuchar lo contrario, una palabra de fe, de aliento.

Si eso siente una persona como yo, con limitaciones y problemas, humana, pensemos por un minuto ¿cómo se sentirá el Creador del cielo y de la tierra, de las estrellas, del firmamento, que pongamos en duda no sólo su poder sino su amor hacia nosotros, sobre todo después del sacrificio de su hijo en la cruz?, en realidad… No deberíamos dudar del amor de Dios y de su deseo de bendecirnos.

> ¿CÓMO SE SENTIRÁ EL CREADOR DEL CIELO Y DE LA TIERRA, DE LAS ESTRELLAS, DEL FIRMAMENTO, QUE PONGAMOS EN DUDA NO SÓLO SU PODER SINO SU AMOR HACIA NOSOTROS, SOBRE TODO DESPUÉS DEL SACRIFICIO DE SU HIJO EN LA CRUZ?

Fe para las cosas de Dios

Quiero terminar este capítulo con esta idea a lo único que Dios nos pide que pongamos fe como niños es a sus enseñanzas, a su amor, a su poder, a las cosas de su reino. Aquí en este mundo nos invita a ser prudentes. En nuestra vida diaria, aunque no lo percibamos, hacemos actos de fe: cuando pasamos un semáforo en verde, cuando damos crédito, cuando trabajamos para alguien, en fin tenemos fe que los otros actúen correctamente, pero ¿cuántas historias podríamos contar de gente que por poner fe en cosas, empresas, personas o dioses falsos han perdido todo?

La fe que Dios nos pide es para Él, aún si nos han pasado cosas que no son fáciles de comprender, misterios que sólo una vez que estemos frente a Él podremos preguntarle. Sucesos que para nosotros no tienen sentido. Esto forma parte de la soberanía de Dios. En realidad sus planes, sus pensamientos son tan grandes que no podemos verlos, mucho menos comprenderlos. En Isaías 55,8-9 nos dice: "Porque mis pensamientos no son los de ustedes, ni sus caminos son los míos afirma el Señor. Mis caminos y mis pensamientos son más altos que los de ustedes; ¡más altos que los cielos sobre la tierra!". Por eso debemos tener fe que lo que Dios hace en nuestras vidas es lo mejor, aún cuando no nos lo parezca.

Dios es un Padre amoroso, pero soberano y quiere que le abramos nuestro corazón y nuestra mente con fe, con la fe de un niño. Si no estamos dispuestos a confiar en Él como confiaría un niño en sus padres, no recibiremos las bendiciones, el amor y todo lo que Dios quiere darnos a nuestras vidas. Confiemos en sus promesas[18] y para conocerlas y reclamarlas leamos la Biblia, escuchemos prédicas, participemos en la iglesia y sobre todo tengamos nuestra cita diaria con Él.

En este momento pidamos a Dios que nos de fe y decidamos creer en Él y creerle a Él. Dios sí cree en nosotros y tiene sueños grandes para nuestra vida, estamos en su Plan. Agrademos a Dios con nuestra fe.

¡DIOS NOS DA LA FE!

---

[14] Mateo 8,5-13   [15] Lucas 8, 40-48
[16] Mateo 15,21-28   [17] Mateo 8,3
[18] Mateo 24,35

CAPÍTULO V
DIOS ES PRIMERO

Vivimos días difíciles, día a día enfrentamos nuevos retos, problemas, trabajos, ocupaciones, citas, reuniones, llamadas, programas, mensajes, etc. Tenemos tanto que hacer que a veces no sabemos cómo, ni por dónde comenzar. Ese es el momento para establecer una lista de prioridades, siempre en orden de importancia, así las actividades más urgentes y de mayor trascendencia las hacemos primero, y luego, las cosas que no son tan relevantes, que se realizarán si alcanza el tiempo o se dejarán para después o para otro día.

De la misma forma, debemos pensar que en nuestra vida tenemos que establecer también prioridades. ¿Qué es lo más importante para nosotros?, ¿qué ocupa el primer lugar en nuestra mente?, ¿en dónde está nuestro corazón... en nuestro trabajo, en nuestra pareja, en nuestros hijos, en amigos?, "Porque donde esté tu tesoro, allí estará también tu corazón", dice la Biblia.[19]

Recordemos lo que nos dice Jesucristo sobre el primer mandamiento y el más importante: "Ama al Señor tu Dios con todo tu corazón, con todo tu ser y con toda tu mente".[20]

Dios quiere que lo pongamos a Él en primer lugar, quiere ocupar nuestra atención, ser lo principal en nuestras vidas. Dios puede llenar nuestros deseos y necesidades, puede guiarnos, pero nos exige algo importante: ser el primero, el número uno, la prioridad en nuestra vida.

Por favor lee conmigo en Lucas 14,26 "Si alguno viene a mí y no sacrifica el amor a su padre y a su madre, a su esposa y a sus hijos, a sus hermanos y a sus hermanas, y aun a su propia vida, no puede ser mi discípulo".

¿Qué nos dice Jesús?, ¿qué significa realmente esto? Qué Él tiene que ser siempre nuestra prioridad. Entiende y sabe que debemos cuidar a la familia, pero nos dice que Él es más importante y tiene que tener el primer lugar.

> NO PODEMOS INTRODUCIR A DIOS EN NUESTRA AGENDA, SINO NUESTRA AGENDA DEBE SER ACOMODADA A PARTIR DE DIOS. ES DECIR, TODO LO DEMÁS ES DISPENSABLE.

En el orden perfecto para arreglar nuestra agenda: Dios tiene el número Uno. Él es un Dios celoso y quiere que le entreguemos nuestro corazón y nuestra vida sin reservas. No podemos introducir a Dios en nuestra agenda, sino nuestra agenda debe ser acomodada a partir de Dios. Es decir, todo lo demás es dispensable.

¿Significa esto que debemos estar en la iglesia todo el tiempo?, al hablar de poner a Dios en primer lugar es hablar de nuestra relación con Él, de nuestra cita diaria, de nuestra vida de oración, de nuestro amor, de nuestra comunicación directa con Dios.

Muchas veces, cuando nuestro corazón se aparta de Dios, Él nos pide que pongamos en una "hoguera de sacrificio" eso que nos aleja de su amor, lo que le roba el primer lugar. Dios probó a Abraham para ver si sería capaz de ofrecerle en una hoguera a su propio hijo por el cual había esperado más de 20 años. Imagínense un hijo en la vejez, ¿cómo no lo habría amado Abraham? Pero Dios lo prueba para ver si Abraham lo amaba mucho más que a su propio hijo y por duro que parezca, pasó la prueba.

Si somos sinceros sabemos que tenemos algunas cosas distraen nuestro corazón y nos distancian de la presencia de Dios, aunque no lo notemos, poco a poco nos vamos alejando y cuando nos damos cuenta, lo urgente va sustituyendo lo importante, nos saturamos de trabajo y actividades, nos cansamos, y así ya no buscamos tiempo para estar con Él, para hablarle, para escuchar su voz y nuestra oración se convierte en una pequeña encomienda diaria breve, algo como: "Te ofrezco este día. Amén" o un ofrecimiento nocturnos como "gracias por este día Señor".

Este es el momento en que Dios nos pide que reflexionemos, que dejemos de lado todo lo que nos impida colocarlo a Él como centro de nuestras vidas, ¡debemos ordenar nuestra vida alrededor de Dios!

Muchas veces deberemos "sacrificar" tiempo con nuestros seres queridos o "sacrificarnos" nosotros mismos para cumplir en obediencia lo que Dios nos pide que hagamos. Podemos ver el caso de personas entregadas a Dios que pasan viajando, orando, ministrando, en fin, trabajando para Dios y se ven forzados a dejar sus hogares y familias por muchos días para realizar esta misión.

En otras ocasiones, simplemente significará levantarnos más temprano para orar por otros. En algún momento será no asistir a algún compromiso por quedarnos conversando con Dios o al contrario, tener reuniones y buscar el tiempo para asistir a charlas donde podemos aprender sobre Dios, en otras ocasiones será limitar el tiempo que vemos televisión o pasamos conectados a redes sociales... Él nos pide cosas diferentes a cada uno, pero sólo si es la prioridad en nuestra vida, sabremos con certeza qué quiere y espera de nosotros.

Cuando le damos el primer lugar, las cosas se ordenan completamente y nuestra vida comienza a adquirir un verdadero sentido, vamos cambiando como personas como resultado de esa cercanía y mientras más tiempo pasamos con Dios, las cosas se encauzan correctamente. El tiempo que pasamos junto a Dios es el tiempo mejor aprovechado en nuestra vida.

En el segundo lugar del orden de prioridades, estamos nosotros mismos. Sí, aunque nos extrañe, la segunda prioridad en nuestra vida debemos ser nosotros.

Tenemos que dedicarnos tiempo, para vivir, para cuidarnos. Recordemos que nuestro cuerpo es templo del Espíritu Santo (si recibimos a Jesucristo en nuestro corazón, viene el Espíritu Santo a morar en nosotros, por eso dice el apostol Pablo en 1a. Corintios 6,19 que nuestro cuerpo es templo del Espíritu Santo) y como tal, tenemos que ser responsables y disciplinados. Mantenernos sanos, comer en forma saludable, hacer ejercicio, tener controles y análisis médicos. En pocas palabras cuidarnos.

Muchas veces estamos dispuestos a cuidar a los demás, pero no a nosotros, esperamos hasta que las cosas se compliquen para visitar a un médico. Incluso muchas veces nos sentimos culpables si nos atendemos, quiero decir que eso es un error. Dios espera y nos ha dado la responsabilidad de que cuidemos nuestro cuerpo, nuestra mente, nuestra alma, nuestro corazón y esto no sólo cuidados físicos, si no también espirituales.

¿A qué me refiero? A que cuidemos nuestros oídos, por ejemplo de chismes y comentarios que no agradan a Dios, de escuchar chistes con doble sentido, de escuchar todo el tiempo malas palabras, expresiones inadecuadas; que cuidemos nuestros ojos de ver películas o programas que no nos van a edificar; que cuidemos nuestra boca con lo que decimos, tratemos de expresar solo lo bueno que sepamos de cada persona y si no nos inspira alguien nada bueno, entonces mejor callemos.

Cuidemos nuestra mente, en 2a. Corintios 10,4-5 Pablo escribe: "Las armas con que luchamos no son del mundo, sino que tienen el poder divino para derribar fortalezas. Destruimos argumentos y toda altivez que se levanta contra el conocimiento de Dios, y llevamos cautivo todo pensamiento para que se someta a Cristo". (Subrayado de la autora).

¿Por qué debemos llevar cautivo todo pensamiento a Jesucristo?, porque en nuestra mente es donde podemos ganar o perder la batalla.

Déjenme aclarar esto, dijo Jesucristo que en nuestro corazón, en nuestra mente, es donde surgen las infidelidades, las codicias, el odio, la vanagloria, el odio, la envidia, el egoísmo, etc., entonces, cada vez que se venga un pensamiento negativo digamos: te lo entrego Jesús, porque dice tu palabra que hay que traer cautivo todo pensamiento para que se someta a ti. Cuando hacemos eso, inmediatamente tenemos paz y la tentación se va.

Por ejemplo en la oficina hay una mujer sumamente atractiva y coquetea contigo, en tu mente tú ya te imaginas como sería estar con ella, pero eres casado, entonces no dejes lugar a que ese pensamiento te domine y te tiente para cometer adulterio, cada vez que se instale en tu mente, dile a Jesús: te lo entrego.

CUIDEMOS NUESTROS OÍDOS, NUESTROS OJOS, CUIDEMOS NUESTRA BOCA. CUIDEMOS NUESTRA MENTE PONGAMOS FRENO A DESEOS QUE NO VIENEN DE PARTE DE DIOS.

¡Cuidémonos, somos muy importantes para Dios! ¡Valemos la sangre de Jesucristo! Somos hijos especiales, amados. Sé que muchas veces eso parece sólo palabras, pero comprometo a Dios con esto, para que nos muestre lo importantes que somos para él y lo mucho que nos ama.

Quiero hacer sólo un pequeño paréntesis aquí. Dios nos ama y nos ama profundamente, con un amor entrañable e inexplicable para nosotros los seres humanos. Dios nos ama cuando lo sentimos y cuando no, cuando las cosas están bien y cuando no lo están, cuando lloramos y cuando reímos. De igual forma nos ama cuando nuestras ideas y proyectos no nos salen bien y pareciera que no nos escucha. Dios nos ama a cada instante... Sin embargo, muchas veces no percibimos su amor porque queremos que nos lo manifieste como nosotros lo imaginamos, en la forma que creemos que "debería hacerse o darse".

Cuento una historia para ilustrar esto de mejor forma: hace unos años un doctor me hizo una extracción de un ganglio del cuello en un hospital público en mi país, fue el cirujano que me tocó, no sabía sus antecedentes ni su habilidad, pero no tenía dinero en ese momento para pagarme un médico privado, después de la cirugía que fue horrible, y que realmente me dolía mucho, fui a ver a un experimentado cirujano para que me dijera si la herida estaba bien. El doctor me revisó en lo que yo consideré una "forma superficial" y me dijo que estaba bien, me dio medicinas para el dolor y me despidió. Recuerdo que yo lo miré extrañada y le pregunté cómo podía saber si todo estaba bien si ni siquiera me había destapado la herida. Él me miró con una sonrisa hermosa y me dijo: - Si la destapo, la puedo contaminar. Sé que está bien por el color de la piel, por lo que palpo, etc.

> ME PREGUNTÉ, ¿CUÁNTAS VECES HABREMOS ESTADO ESPERANDO QUE DIOS "DESTAPE NUESTRAS HERIDAS"?, ES DECIR, QUE ACTÚE COMO NOSOTROS CREEMOS QUE DEBE HACERLO.

Esa experiencia me hizo pensar mucho y comparar, por así decirlo, la actitud de este médico con la de Dios y me pregunté ¿cuántas veces habremos estado esperando que Dios "destape nuestras heridas"?, es decir, que actúe como nosotros creemos que debe hacerlo... y Dios -que sabe lo que nos conviene- sólo ha de sonreír. Estoy segura que por nuestro bien a veces no nos da lo que le pedimos o no permite que suceda algo que esperamos o que queremos.

Cierro este paréntesis y regresemos a las prioridades en nuestras vidas. La primera prioridad dijimos que era Dios, luego estamos nosotros, es decir, tú mismo.

En tercer lugar, debe estar tu esposo o esposa, si estás casado o tienes parejas. Esto implica preocuparse por atenderse y cuidar a tu cónyuge. Significa atenderse, estar disponible para cuidarse, apoyarse y sobre todo mostrar siempre su amor. Si no tienes un matrimonio pero sí hijos, el tercer lugar en la prioridad serían entonces tus hijos.

Si eres soltero, el tercer lugar en la lista de prioridades pueden ser tus padres, tus hermanos.

En otras palabras, en la lista de prioridades viene después la familia cercana. Es muy importante que dediquemos tiempo al hogar, a la familia. El problema de las pandillas, de los delincuentes muchas veces surge de hogares destruidos, donde los papás no apoyan ni están cerca de sus hijos, esto es bien importante. Piensa conmigo y mira si puedes recordar todos los regalos que te dieron tus padres cuando estabas pequeño, tendremos en mente quizás alguno que nos haya impresionado. Ahora pensemos nuevamente y recordemos cuántas veces estuvieron nuestros padres pendientes de nuestras enfermedades, cuidándonos, protegiéndonos, preparándonos alimentos, jugando con nosotros o en nuestros momentos importantes.

Estoy segura que ahí tuvimos más recuerdos. "Al final del día" no importa si tu hijo lleva prendas de marcas especiales, tiene el juguete más caro y codiciado, lo que importará es la calidad de tiempo que le diste, tu amor y tus cuidados.

Nuestros hijos deben ocupar un lugar importante. Si necesitamos trabajar adelante, pero asegurémonos de dedicarles ese tiempo de calidad, de conversar con ellos, que se sientan apoyados por nosotros, que nos respeten pero que puedan confiarnos sus cosas, que se sientan cómodos de conversarnos sus intimidades, que sus maestros no sean la televisión, la calle o el internet.

Si tu tercera prioridad fueran tus padres, recuerda el primer mandamiento con promesa que hay en la Biblia, lo puedes leer en Deuteronomio 5,16

"Honra a tu padre y a tu madre, como el Señor tu Dios te lo ha ordenado, para que disfrutes de una larga vida y te vaya bien en la tierra que te da el Señor tu Dios". Significa que si no honramos a nuestros padres es probable que no nos vaya bien en la vida. Tomemos esto en cuenta.

Después en nuestra lista de prioridades puede estar el trabajo, los estudios, el trabajo para la iglesia, cualquier actividad importante o servicio a la comunidad, nuestros amigos, en fin tú podrás completar este punto de acuerdo a tu propia situación.

Por favor leamos esto adecuadamente, lo primero en nuestras vidas tiene que ser Dios, nuestra relación con Él, luego nosotros mismos, en tercer lugar: esposo, esposa, hijos, mamá, papá o la familia cercana y hasta después, podemos colocar el trabajo, la colaboración con la iglesia, los estudios, amigos, etc.

En este momento podemos reflexionar un poco sobre cómo han estado las prioridades en nuestra vida hasta este momento y cómo debemos cambiarlas. Luego, pensemos sobre lo que tenemos que hacer para establecerlas adecuadamente, pues es importante ordenar nuestras vidas, si necesitamos el apoyo de Dios, simplemente hagamos una oración como esta:

Señor quiero que ocupes el primer lugar en mi vida, te pido perdón por no haberte puesto en el lugar que te corresponde, pero desde hoy mi vida, gracias a ti, estará ordenada alrededor tuyo. Ayúdame también a ordenar a partir de nuestra relación el resto de mi tiempo y dame sabiduría para poder hacer las cosas de la forma en la que te agradan. Gracias Señor. Amén.

¡DIOS ES PRIMERO!

---

[19] Mateo 6,21
[20] Marcos 12,30

CAPÍTULO VI
DIOS NOS LLAMA

"He aquí que yo estoy a la puerta y llamo, si alguno oye mi voz y abre la puerta, entrare a él y cenaré con él y él conmigo..." Esta frase de Apocalipsis 3,20 se refiere al deseo de Jesús. Como sabemos, Él podría entrar a nuestras vidas sin que le "abramos la puerta", pero nos dio el libre albedrío, es decir la opción de decidir. Jesús no fuerza a nadie, todos podemos elegir si lo aceptamos, si queremos conocerlo, si queremos seguirlo y tener una relación de amistad con Él.

Jesús nos busca pero nunca por la fuerza, Él espera que lleguemos a sus pies por convicción, por amor, aun cuando la mayor parte de las veces, lleguemos por necesidad.

Dice el apóstol Juan en su primera carta "Nosotros amamos a Dios porque Él nos amó primero"[21]. En realidad, si lo analizamos bien, nos percatamos que nada sucede o ha sucedido por casualidad en nuestras vidas, me atrevo a decir que todo es un plan orquestado por un Dios de amor, que pensó en nosotros e hizo que entráramos en sus caminos y para ello usó a las personas o las circunstancias adecuadas, en el momento justo.

Dios tiene un plan especial para nuestras vidas, es algo que solo cada uno de nosotros podremos llevarlo a cabo, son cosas distintas las que nos pide, pero sólo si estamos dispuestos podremos emprender sus planes. Dios piensa en cada detalle, tiene los medios y la forma en la que podremos realizar su voluntad, pero la decisión es nuestra.

Para interpretar bien esto pensemos que hay personas a las que solo nosotros podríamos hablarles de Dios, hay cosas que solo a través de una habilidad o talento especial que poseamos podremos realizar, es decir, el plan de Dios para mi vida es diferente que el que tiene para la tuya, pero todos somos muy importantes para Él.

> DIOS NOS INVITA A SER PARTE DE SU FAMILIA, A ACEPTAR LA SALVACIÓN QUE NOS BRINDA A TRAVÉS DEL SACRIFICIO PERFECTO DE JESUCRISTO EN LA CRUZ.

Para graficar mejor esto, permíteme contarte una historia que está en la Biblia en el libro de Ester: "El rey Asuero, que reinó sobre ciento veintisiete provincias que se extendían desde la India hasta Cus, estableció su trono real en la ciudadela de Susa.

En el tercer año de su reinado ofreció un banquete para todos sus funcionarios y servidores, al que asistieron los jefes militares de Persia y Media, y los magistrados y los gobernadores de las provincias, y durante ciento ochenta días les mostró la enorme riqueza de su reino y la esplendorosa gloria de su majestad.

Pasado este tiempo, el rey ofreció otro banquete, que duró siete días, para todos los que se encontraban en la ciudadela de Susa, tanto los más importantes como los de menor importancia. Este banquete tuvo lugar en el jardín interior de su palacio, el cual lucía cortinas blancas y azules, sostenidas por cordones de lino blanco y tela púrpura, los cuales pasaban por anillos de plata sujetos a columnas de mármol. También había sofás de oro y plata sobre un piso de mosaicos de pórfido, mármol, madreperla y otras piedras preciosas. En copas de oro de las más variadas formas se servía el vino real, el cual corría a raudales, como era de esperarse del rey. Todos los invitados podían beber cuanto quisieran, pues los camareros habían recibido instrucciones del rey de servir a cada uno lo que deseara"[22]. (Subrayado de la autora).

Algunos estudiosos de la Biblia interpretan que el Rey Asuero tipifica a Dios Padre y nos dice que hace dos banquetes, el primero para los príncipes y gobernantes, que podrían ser los apóstoles, los ángeles, los profetas...y un segundo banquete para todos los miembros de su reino, donde todos pueden beber y participar, pero nadie está obligado a hacerlo. Además dice que tenían vasos de oro de las más variadas formas, que se podrían interpretar como el trato que da a cada uno de nosotros, la misión que pone en nuestras manos.

Todos los vasos son preciosos pero diferentes, sin embargo a nadie se le obliga a tomar en ellos el vino real, que tipifica la sangre de Jesucristo, es decir la salvación que Dios nos ofrece a través del sacrificio de su Hijo en la cruz, eso es opcional.

¿Podemos ver la similitud de esta historia con la nuestra? Dios quiere que participemos de su gloria y esplendor, nos invita, nos llama, pero no nos obliga a aceptar su amor, su provisión, su salvación o a realizar la misión que quiere asignarnos.

Dios nos llama de muchas formas hasta que aceptamos abrirle las puertas de nuestra vida. ¿Por qué insiste tanto? La Biblia misma nos da la respuestas, porque nos ama. Mientras más rápido respondamos tendremos vidas más plenas y llenas de amor, de felicidad y de sabiduría. No esperemos a que pase algo difícil para atender el llamado de Dios.

Muchas veces nos resistimos porque creemos que al seguir a Dios nos vamos a convertir en gente rara, porque tenemos una idea vaga por algunas personas que vemos en las iglesias. Nada más alejado de la realidad. Hay una película que me encanta, se llama Jesús 2000, es la única que he visto en la que retratan al Jesús que yo me imagino, al que tenía una personalidad tan jovial que los niños querían llegar a Él, que disfrutaba con sus discípulos, que abrazaba a la gente, que los miraba con amor...

Dios a través de su hijo Jesucristo o del Espíritu Santo nos llama en diversas formas, cuando escuchamos su llamado comenzamos una aventura única y luego, conforme vamos caminando con Él, nos sigue llamando en diversos momentos, pero esta vez para diferentes servicios o actividades y así mientras más sólida se vuelva nuestra relación con Él, nos puede dar más misiones para llevar a cabo, como lo dice en Mateo 25,21 "¡Hiciste bien, siervo bueno y fiel! En lo poco has sido fiel; te pondré a cargo de mucho más".

Lo anterior Dios lo decidirá para cada uno de nosotros, pero es importante que estemos atentos a los llamados que nos hace, desde el primero que es abrirle las puertas de nuestra vida, hasta donde Él quiera llevarnos y usarnos para su gloria. Como lo dice el apóstol Pablo "Porque somos hechura de Dios, creados en Cristo Jesús para buenas obras, las cuales Dios dispuso de antemano a fin de que las pongamos en práctica".°

Dios tiene sueños especiales para nuestra vida, pero depende de nosotros decirle sí y aceptar su llamado.

Como lo leímos, Dios nos da libertad, nos permite elegir. Ojalá que todos le digamos sí a sus planes, a su voz, como aquella hermosa mujer que dijo sí al Plan de Salvación y que gracias a su entrega sin reservas, hoy estamos aquí.

¡DIOS NOS LLAMA!

---

[21] 1a. Juan 4,19
[22] Ester 1,1-8
[23] Efesios 2,10

CAPÍTULO VII
DIOS NOS PREPARA

¿Cuántas veces Dios, a través de su Santo Espíritu nos ha hablado suavemente a nuestro corazón, a nuestra mente y nos ha manifestado su amor y su voluntad para nuestras vidas? Sin embargo, a veces escuchamos más fuertemente las voces del exterior, las de los afanes, la de las rutinas, la de las prioridades equivocadas y no permitimos que la voz del Espíritu nos guíe.

El Espíritu Santo no sólo es la tercera persona de la Divinidad es el entrenador y el Gran Consolador, que nos ofreció Jesucristo cuando partió. El Espíritu Santo es quien nos adiestra y nos permite acceder al Poder de Dios, es el guía o consejero que todos anhelamos, es nuestro amigo íntimo.

En Lucas s,49-51, leemos: "Ahora voy a enviarles lo que ha prometido mi Padre; pero ustedes quédense en la ciudad hasta que sean revestidos del poder de lo alto. Después los llevó Jesús hasta Betania; allí alzó las manos y los bendijo. Sucedió que, mientras los bendecía, se alejó de ellos y fue llevado al cielo".

¿Poder de lo alto?, ¿a qué se refería Jesús cuando habló de poder? Sí poder, para hablar, para sanar, para echar fuera demonios, para ministrar, para predicar, para seguirlo... Todos sabemos lo que pasó en Pentecostés, el Espíritu Santo descendió sobre los apóstoles y los transformó. Cuando el Espíritu Santo viene a nuestra vida también nos transforma y nos permite hacer cosas que nunca hubiéramos imaginado.

Por ejemplo en Mateo 10,19-20 nos dice: "Mas cuando os entreguen, no os preocupéis por cómo o qué hablaréis; porque en aquella hora os será dado lo que habéis de hablar. Porque no sois vosotros los que habláis, sino el Espíritu de vuestro Padre que habla en vosotros".

MUCHAS VECES EL ADIESTRAMIENTO NO ES FÁCIL, PERO SI PERSEVERAMOS FIELES, PODREMOS APRENDER A CONOCER LA VOLUNTAD DE DIOS.

Es tan cierta esta afirmación y tú mismo puedes comprobarlo, yo lo he hecho, a veces cuando sabemos que alguien necesita escuchar de Dios, si solo comenzamos a hablar, de repente tenemos unas palabras y una gran sabiduría que nos asombramos de lo que dijimos. Ese fue el Espíritu Santo hablando por ti y por mí. Por ejemplo, una amiga tuvo cáncer en los senos y me decía que cuando se le acercaba otra de las pacientes que ella veía deprimida y les comenzaba a hablar de Dios, de repente tenía una sabiduría especial que hasta ella se asombraba de la forma en la que les predicaba.

Amigos, Dios solo quiere que estemos dispuestos, Él se encarga de todo, eso me pasa a mí cuando vuelvo a leer este libro y me doy cuenta que no he sido yo, sino el Espíritu Santo quien me ha dictado las palabras justas, también me sucede cuando me invitan a predicar, Él pone las palabras correctas en mi boca. El Espíritu Santo solo necesita que le digamos sí y se ocupa de todo, así si este libro toca tu corazón y tu vida, dale las gracias a Él.

El Espíritu Santo nos da poder para predicar, para hablarle a los demás, aunque creamos que no tenemos la suficiente preparación, si tenemos la oportunidad de conversar con alguien y queremos que esa persona se acerque a Jesucristo comencemos a hablar, que el Espíritu Santo nos va a apoyar y nos va a decir a nuestro corazón lo que tenemos que decirle.

¿Poder para sanar?

Cuando Jesús envió a setenta y dos a predicar les dijo: "En cualquier ciudad donde entréis y os reciban, comed lo que os pongan delante; y sanad a los enfermos que en ella haya y decidles: Se ha acercado el reino de Dios".[24]

Sí, el Espíritu Santo nos da el poder de Dios para sanar enfermos, pero para usarlo, antes debemos aprender a escuchar su voz, conocer su voluntad, aprender su guía y dejar que sea nuestro entrenador.

Muchas veces el adiestramiento no es fácil, en muchas ocasiones vamos a tener que renunciar a algo que queremos o enfrentar alguna prueba no tan fácil, pero si perseveramos fieles, podremos aprender a conocer la voluntad de Dios que nos revelará su Santo Espíritu y podremos saber cuándo Dios nos envía a orar por un enfermo para que sane y cuando no lo hace.

Si el Espíritu de Dios mora en nuestros corazones y si somos capaces de escuchar su guía, no sólo podremos orar por sanidad, podremos ministrar a personas, podremos ser el canal de Dios para que Él haga milagros, podremos orar por bendición, es decir, todo aquello que nos envíe a hacer, recordando siempre que es Su Poder y que todo es para Su Gloria. No nos confundamos. A veces grandes hombres y mujeres de Dios caen en este error. Recordemos siempre que podemos ser canales, pero quien bendice, quien hace es el Espíritu Santo de Dios y a Él le corresponde toda la gloria.

También debemos tener cuidado, pues muchas veces por entusiasmo creemos que Dios nos habla y en ocasiones, somos nosotros mismos y oramos por alguien o por algo y no pasa nada. Por ello, tenemos que poner atención y distinguir su voluntad, para actuar conforme a lo que Él realmente quiere. Un milagro no va a ocurrir a menos, que Él nos envíe, lo mismo una sanidad, una ministración.

Para mientras estamos seguros de poder distinguir la voz de Dios de nuestra propia voz interior, pidamos confirmaciones. Dios nos va a ir guiando hasta que podamos diferenciar su voluntad de la nuestra.

Dones del Espíritu

Lo anterior se aclara mejor en este pasaje de 1a. Corintios 12,1-11: "En cuanto a los dones espirituales, hermanos, quiero que entiendan bien este asunto. Ustedes saben que cuando eran paganos se dejaban arrastrar hacia los ídolos mudos. Por eso les advierto que nadie que esté hablando por el Espíritu de Dios puede maldecir a Jesús; ni nadie puede decir: «Jesús es el Señor» sino por el Espíritu Santo.

Ahora bien, hay diversos dones, pero un mismo Espíritu. Hay diversas maneras de servir, pero un mismo Señor. Hay diversas funciones, pero es un mismo Dios el que hace todas las cosas en todos.

A cada uno se le da una manifestación especial del Espíritu para el bien de los demás. A unos Dios les da por el Espíritu palabra de sabiduría; a otros, por el mismo Espíritu, palabra de conocimiento; a otros, fe por medio del mismo Espíritu; a otros, y por ese mismo Espíritu, dones para sanar enfermos; a otros, poderes milagrosos; a otros, profecía; a otros, el discernir espíritus; a otros, el hablar en diversas lenguas; y a otros, el interpretar lenguas. Todo esto lo hace un mismo y único Espíritu, quien reparte a cada uno según él lo determina".

Pidámosle a Dios el don con el que podemos servir mejor a nuestro prójimo. Nosotros nos conocemos y sabemos en qué área podemos ayudar más, anhelemos ese don espiritual, esa llenura del Espíritu Santo para que nos transforme y nos permita participar del reino de Dios, así como transformó a Pablo, léelo conmigo en Hechos 9,11-19: "Mientras tanto, Saulo, respirando aún amenazas de muerte contra los discípulos del Señor, se presentó al sumo sacerdote y le pidió cartas de extradición para las sinagogas de Damasco. Tenía la intención de encontrar y llevarse presos a Jerusalén a todos los que pertenecieran al Camino, fueran hombres o mujeres.

En el viaje sucedió que, al acercarse a Damasco, una luz del cielo relampagueó de repente a su alrededor. Él cayó al suelo y oyó una voz que le decía: -Saulo, Saulo, ¿Por qué me persigues?

–¿Quién eres, Señor? -preguntó. –Yo soy Jesús, a quien tú persigues -le contestó la voz-. Levántate y entra en la ciudad, que allí se te dirá lo que tienes que hacer. Los hombres que viajaban con Saulo se detuvieron atónitos, porque oían la voz pero no veían a nadie. Saulo se levantó del suelo, pero cuando abrió los ojos no podía ver, así que lo tomaron de la mano y lo llevaron a Damasco.

Estuvo ciego tres días, sin comer ni beber nada. Había en Damasco un discípulo llamado Ananías, a quien el Señor llamó en una visión. –¡Ananías! -Aquí estoy, Señor.

CUANDO EL ESPÍRITU SANTO HABITA EN UNA PERSONA SE NOTA, SUS GUSTOS YA NO SON LOS MISMOS, SU VOCABULARIO Y SUS EXPRESIONES CAMBIAN.

–Anda, ve a la casa de Judas, en la calle llamada Derecha, y pregunta por un tal Saulo de Tarso. Está orando, y ha visto en una visión a un hombre llamado Ananías, que entra y pone las manos sobre él para que recobre la vista. Entonces Ananías respondió: –Señor, he oído hablar mucho de ese hombre y de todo el mal que ha causado a tus santos en Jerusalén. Y ahora lo tenemos aquí, autorizado por los jefes de los sacerdotes, para llevarse presos a todos los que invocan tu nombre.

–¡Ve! -insistió el Señor-, porque ese hombre es mi instrumento escogido para dar a conocer mi nombre tanto a las naciones y a sus reyes como al pueblo de Israel. Yo le mostraré cuánto tendrá que padecer por mi nombre.

EN CAMBIO,

EL FRUTO DEL

ESPÍRITU

ES AMOR, ALEGRÍA,

PAZ, PACIENCIA,

AMABILIDAD, BONDAD,

FIDELIDAD, HUMILDAD

Y DOMINIO PROPIO.

NO HAY LEY QUE

CONDENE ESTAS

COSAS.

Ananías se fue y, cuando llegó a la casa, le impuso las manos a Saulo y le dijo: "Hermano Saulo, el Señor Jesús, que se te apareció en el camino, me ha enviado para que recobres la vista y seas lleno del Espíritu Santo".

Al instante cayó de los ojos de Saulo algo como escamas, y recobró la vista. Se levantó y fue bautizado; y habiendo comido, recobró las fuerzas. Saulo pasó varios días con los discípulos que estaban en Damasco, y **en seguida se dedicó a predicar** en las sinagogas, afirmando que Jesús es el Hijo de Dios". (Negritas de la autora).

La increíble conversión de Saulo es una prueba de la llenura del Espíritu y de la forma en que, cuando lo permitimos, el Espíritu Santo toma control en nuestras vidas y en algunos casos, la transforma de forma inmediata, noten cuando dice "en seguida".

Cuando el Espíritu Santo habita en una persona se nota, sus gustos ya no son los mismos, su vocabulario y sus expresiones cambian, tiene una conexión especial con Dios que es fácil de percibir. Además su vida comienza a dar frutos.

Frutos del Espíritu Santo

Dice el Señor por sus frutos los conoceréis,[25] y ¿cuáles son esos frutos? En Gálatas 5,22-23 los tenemos: "En cambio, el fruto del Espíritu es amor, alegría, paz, paciencia, amabilidad, bondad, fidelidad, humildad y dominio propio. No hay ley que condene estas cosas".

Leamos bien estos frutos, si hemos recibido al Señor Jesucristo en nuestro corazón, el Espíritu Santo vino a morar en nosotros. ¿Cuáles de estos frutos estamos dando con nuestras acciones? Pensemos si realmente le hemos permitido al Espíritu cambiar nuestra forma de pensar y de actuar o si lo tenemos contristado (entristecido, ignorado) sin percibirlo.

A medida que crezcamos en nuestra relación con Dios, poco a poco debemos ir mostrando esos frutos en nuestra vida. Podría ser de inmediato como le pasó a Pablo, a otros puede llevarnos más tiempo, pero si tenemos al Espíritu Santo morando en nosotros, siendo nuestro ayudador, tiene que ir transformando nuestras vidas.

A mí por ejemplo en estos últimos meses me ha venido adiestrando con relación a la paciencia, a tomar las cosas con calma, a no reaccionar antes de pensar bien las cosas, estoy segura que de aquí a un tiempo, podré mostrar ese fruto del Espíritu.

Reflexionemos sobre esto y luego, pidamos al Señor que el Espíritu Santo sea nuestro ayudador, que nos guíe, que nos instruya, que nos enseñe, que nos llene de fuerza y poder para vivir como verdaderos hijos suyos, que sea nuestro amigo, el consejero íntimo, a quien podamos recurrir en momentos de angustia y dolor, cuando necesitemos un consejo sabio y un maestro confiable y bueno.

A veces yo llamaba a una amiga para contarle mis problemas hasta que una vez sentí que le parecían tonterías, en ese momento escuché esa voz suave del Espíritu que me decía "habla conmigo, yo te escucharé y te ayudaré". Talvez eso nos dice a todos, hablemos con Él, es el único que jamás nos defraudará.[26]

Hablemos con el Espíritu Santo es nuestro amigo, diferenciemos su voz de la nuestra y pidámosle a Dios que los frutos de Él viviendo en nuestro interior se manifiesten en cada área de nuestras vidas para poder reflejar su amor y su poder, para la misión que nos encomiende.

¡DIOS NOS PREPARA!

[24] Lucas 10,8-9
[25] Mateo 7,16
[26] Romanos 10,11

CAPÍTULO VIII
DIOS NOS ENVÍA

En el capítulo anterior leímos como el Espíritu Santo nos prepara para nuestra misión en el Plan de Dios, ahora evaluemos el siguiente paso. "Por lo tanto, vayan y hagan discípulos de todas las naciones, bautizándolos en el nombre del Padre, del Hijo y del Espíritu Santo, enseñándoles a obedecer todo lo que les he mandado a ustedes. Y les aseguro que estaré con ustedes siempre, hasta el fin del mundo".[27]

Cuando nos ocupamos de las cosas del Señor, Él se ocupa de las nuestras, dicen muchos predicadores. En los versículos citados en el párrafo anterior que se conocen como la "Gran Comisión", Jesucristo nos lo deja claramente establecido, mientras nos ocupamos de hacer discípulos en todas las naciones Él va a estar con nosotros.

A veces no todos podemos ser misioneros en otros países, no podemos dedicarnos a compartir nuestra fe y nuestras experiencias con personas de otras naciones, pero perfectamente podemos compartirla con las personas que tenemos cerca. Con una sola vida que afectemos positivamente, con una sola persona a la que le compartamos las buenas nuevas de Jesús, sería suficiente para que nuestro mundo fuera diferente. Si estuviéramos dispuestos tan sólo a eso, afectaríamos positivamente nuestro planeta.

Ama a tu prójimo como a ti mismo, dijo Jesús y si tenemos una relación que ha transformado nuestra vida, que nos ha cambiado como personas, que nos ha dado nuevas fuerzas, nuevas esperanzas, nuevas ilusiones

¿cómo no compartir esto con las personas más queridas que tenemos a nuestro alrededor?

Inclusive ahora, a través de las redes sociales, también podemos llegar a influenciar a diferentes personas sin imaginarnos como recibió el mensaje, a quién o a quiénes Dios usó para alcanzarlos.

> "HAGAN BRILLAR SU LUZ DELANTE DE TODOS, PARA QUE ELLOS PUEDAN VER LAS BUENAS OBRAS DE USTEDES Y ALABEN AL PADRE QUE ESTÁ EN EL CIELO".

Por ejemplo, en mi página de *facebook* tengo amigos que han dado "me gusta" son personas de diferentes países del mundo, a algunos los conozco a otros no, pero todos pueden recibir los mensajes que comparto y solo Dios sabe el bien que harán dichos mensajes.

¿Por qué debemos hablarles a otras personas sobre Dios?

En Mateo 5,13-16, Jesús nos explica la importancia de esto, cuando dice: "Ustedes son la sal de la tierra. Pero si la sal se vuelve insípida, ¿cómo recobrará su sabor? Ya no sirve para nada, sino para que la gente la deseche y la pisotee.

Ustedes son la luz del mundo. Una ciudad en lo alto de una colina no puede esconderse. Ni se enciende una lámpara para cubrirla con un cajón. Por el contrario, se pone en la repisa para que alumbre a todos los que están en la casa.

Hagan brillar su luz delante de todos, para que ellos puedan ver las buenas obras de ustedes y alaben al Padre que está en el cielo".

Esto es muy interesante, pues se dice que en tiempos antiguos cuando no existían los procesos de refrigeración, se usaba sal para conservar los alimentos, de ahí su relevancia. De hecho parte del pago de las personas se les daba en sal, como cosa muy importante, de ahí que se comenzara a llamar salario al pago mensual que recibimos por nuestro trabajo. Jesucristo nos dice que así somos de valiosos, que somos el sabor que permite que la vida se conserve bien, que no se arruine. Si comprendemos esto bien, podemos colaborar para que las personas no arruinen sus vidas, una palabra, un gesto pueden hacer tanto bien.

La luz del mundo, es increíble que podamos pensar que somos luz, esta posee cualidades extraordinarias, es lo que permite que nuestro planeta tenga vida, es la creadora del progreso, entre otras cosas destacadas y Jesús nos dice que somos luz, pero que no debemos estar encerrados ni escondidos. ¿Qué significa eso? De nada sirve que seamos cristianos ejemplares si no estamos dispuestos a compartir con otros, a pasar esa luz, a enseñar, a guiar, a llevar alegría, paz, amor a quienes lo necesitan tanto, pues aunque sea débil o pequeña, dijo alguien, la luz siempre es luz, o sea aun cuando sintamos que no podemos hacer mucho, lo poco que pongamos más el respaldo de Dios, hace un gran aporte.

De verdad, no importa si nosotros nos consideramos pequeños, sin mayores cualidades, no importa como nos vemos nosotros, lo que importa es cómo nos mira Dios y lo que somos para Él y sobre todo, tenemos que saber que cualquier intento que hagamos por evangelizar, habiendo orado por su apoyo antes, Él lo respalda.

En la Biblia hay varios ejemplos de hombres y mujeres que no se creían especiales o capaces de realizar las obras que Dios les encomendaba: Moisés, Gedeón, entre otros. Pero **Dios no nos mira a través de nuestros ojos o pensamientos, Él nos mira a través de sus sueños para nosotros**. Él sabe de qué estamos hechos pues es nuestro creador, conoce nuestras fortalezas, capacidades, cualidades y sabe de lo que somos capaces de lograr. Él toma nuestro aporte y lo multiplica con su respaldo.

En la Biblia hay una historia muy interesante, invito a que la leamos toda, aquí solo se ha copiado parte de ella, es la historia de Gedeón:

"Cuando el ángel del Señor se le apareció a Gedeón, le dijo: ¡El Señor está contigo, guerrero valiente!

Pero, señor replicó Gedeón, si el Señor está con nosotros, ¿cómo es que nos sucede todo esto? ¿Dónde están todas las maravillas que nos contaban nuestros padres, cuando decían: ¡El Señor nos sacó de Egipto!? ¡La verdad es que el Señor nos ha desamparado y nos ha entregado en manos de Madián!

El Señor lo encaró y le dijo:

Ve con la fuerza que tienes, y salvarás a Israel del poder de Madián. Yo soy quien te envía.

Pero, Señor objetó Gedeón, ¿cómo voy a salvar a Israel? Mi clan es el más débil de la tribu de Manasés, y yo soy el más insignificante de mi familia.

El Señor respondió:

Tú derrotarás a los madianitas como si fueran un solo hombre, porque yo estaré contigo".[28]

Observemos bien todos los pretextos de Gedeón y analicemos como se consideraba él. "Mi clan es el más débil y yo soy el más insignificante..." Pero Dios lo miraba como un guerrero fuerte y valiente y lo explica, cuando le dice vencerás porque "yo estaré contigo".

Dios no nos mira con nuestros ojos, para Él somos grandes, importantes, valiosos, si cumplimos su voluntad, porque nosotros ponemos nuestra parte y Él complementa todo. Él tiene planes para nuestra vida, tiene sueños especiales, pero tenemos que querer, tienes que querer.

Así como los padres queremos lo mejor para nuestros hijos y tenemos sueños y esperanzas en ellos, ¡cuánto más Dios!, Nuestro Padre Eterno y Celestial ¿no querrá darnos todo lo bueno que hay en el mundo?, recordemos lo que dice Mateo 7,11 "Pues si vosotros, siendo malos, sabéis dar buenas dádivas a vuestros hijos, ¿cuánto más vuestro Padre que está en los cielos dará cosas buenas a los que le piden?".

Escuchemos su voz, busquémoslo, conozcámoslo, para que sus planes puedan hacerse realidad en nuestras vidas, para que lleguemos a ser los hombres y mujeres que él sueña que seamos, con la plena certeza que Él estará con nosotros.Uno de esos sueños y una misión especial, es cuando Dios nos pide que vayamos y compartamos nuestra fe con otras personas.

EL AMOR QUE HEMOS RECIBIDO DEBEMOS TRANSMITIRLO, LO QUE HEMOS APRENDIDO, COMPARTIRLO, EN FIN, DAR A OTROS LO QUE A NOSOTROS NOS HA SERVIDO TANTO PARA CAMBIAR NUESTRAS VIDAS.

En realidad, muchas veces no conocemos la enorme necesidad de la gente de conocer de Dios y hay algunos amigos, parientes, empleados, subalternos o inclusive jefes, a los que solo nosotros vamos a poder alcanzar o a quienes podamos ver en el momento oportuno, en la circunstancia adecuada, hay amigos o familiares que sólo van a querer escuchar de Dios a través de nosotros, por nuestra vida y testimonio, todas esas personas son nuestra responsabilidad. No nos callemos, no permitamos que esas vidas se pierdan por callarnos. Atrevámonos a hablarles.

Recordemos siempre: la vida que recibimos, debemos darla. Las enseñanzas que nos dieron debemos compartirlas, es decir, lo que se recibe por gracia, se entrega por gracia o en las palabras de Jesús: "Lo que ustedes recibieron gratis, denlo gratuitamente".[29]

Tampoco olvidemos que el Espíritu Santo nos dará las palabras correctas cuando queramos compartir las buenas nuevas de Jesús, como lo vimos en el capítulo anterior, así que no tenemos excusa, incluso estoy segura que hasta nos vamos a sorprender cuando comencemos a hablar pues no sabremos cómo pudimos hacerlo ya que lo que digamos nos va a ser dado. Por ejemplo, cuando vuelvo a leer este libro me sorprendo de todo lo que escribí, en realidad, lo que Él me dictó.

Si no nos atrevemos a hablar demos un fuerte apretón de manos, una palmada en el hombro, un abrazo a quienes lo necesitan, eso puede devolverle la fe a alguien, eso puede salvar a muchos. Un día saliendo de la iglesia vi a una mujer, enseguida vino a mi corazón un mensaje de Dios, para abrazarla y para decirle que la amaba. Tuve unos instantes de indecisión no sabía si hacerlo o no, pero decidí ser obediente y con pena, pues no la conocía le dije, discúlpeme señora pero Dios me manda a abrazarla y a decirle que la ama. Ella rompió a llorar y me dijo, justamente le estaba preguntando a Dios que por qué ya no sentía su amor, que si aún me amaba...

Cuando estamos dispuestos a obedecer o a servir a Dios nos pasan cosas así, el Espíritu Santo dirige nuestros pasos para ser canales de bendición. ¡Compartamos la palabra de Dios, compartamos bendición!

¡DIOS NOS ENVÍA!

---

[27] Mateo 28,19-20   [28] Jueces 6,12-16
[29] Mateo 10,8b

SEGUNDA PARTE

CAMINANDO
CON DIOS

A esta segunda parte del Libro, le he llamado "Caminando con Dios" y es prácticamente una carpintería. ¿Qué pasa en una carpintería?, bueno, se crean piezas de madera para hacer muebles y objetos de madera, de igual forma, se reparan muebles o se cambian partes a algunas cosas para que funcionen bien.

Así pasa en nuestras vidas, a veces, debemos ir a un taller para que nos quiten cosas que no están funcionando bien, para que "lijen" adecuadamente otras áreas para que tengan la forma adecuada, talvez debemos pegarnos otros elementos y finalmente, para que con nuevas piezas integradas, tengamos una vida buena, funcional, plena, bien pintada y reluciente, en el centro de la voluntad de Dios.

Si comprendemos lo valiosa que es nuestra vida, lo importante que somos para el plan de Dios y si queremos seguir a Jesús, en esta segunda parte, el Señor "tratará" con nuestra vida, ¿qué significa esto? que nos llevará a su taller y hará lo que ya te comenté, quitar, lijar, pegar o agregar cosas, para que comencemos a caminar con Él, para que lo sigamos.

Dios no ofrece una vida sin problemas, sin dolor, sin tristeza. Pero sí nos ofrece estar con nosotros a cada instante. Caminando con Jesús nuestra vida adquiere sentido, significado y propósito.

CAPÍTULO IX
APARTADOS DEL MUNDO

Cuando le abrimos el corazón a Jesucristo, aceptándolo en nuestra vida y comenzamos a caminar con Él, quisiéramos vivir en otro mundo, en otra galaxia o en el cielo mismo, porque lo que aprendemos se contradice con los hechos que vemos a diario en las noticias, en las calles, en nuestras oficinas, en nuestra casa incluso y que debemos soportar.

En realidad, vivimos tiempos muy difíciles para todos y de una u otra forma nos afecta, pero aun en medio de las crisis, debemos recordar que aunque vivamos en el mundo, ya no pertenecemos a al mundo. ¿Cómo es esto? Es porque Dios nos ha apartado, nos da una identidad nueva y nos permite ser "nuevas criaturas".

En la segunda carta a los Corintios 5,17 literalmente Pablo escribe: "Por lo tanto, si alguno está en Cristo, es una nueva creación. ¡Lo viejo ha pasado, ha llegado ya lo nuevo!"

"Todo es hecho nuevo", es decir que nuestras costumbres ya no tienen que ser iguales, podemos comenzar a vivir una vida diferente y plena, aunque las circunstancias a nuestro alrededor sean las mismas. Esto pareciera confuso, pero en realidad es simple. Quienes hemos cambiado somos nosotros y eso significa que podemos responder en forma diferente a las mismas circunstancias o a las actitudes de las personas con las que nos toca trabajar, vivir o relacionarnos.

La Biblia también dice lo siguiente: "No vivan ya de acuerdo con las reglas de este mundo; al contrario, cambien su manera de pensar para que así se renueve toda su vida".[30]

En otras palabras: cuidarnos, cambiar nuestra forma de hacer las cosas, por ejemplo: si antes salíamos con amigos que sólo nos invitaban a tomar o si sabemos que están en drogas o en malos pasos, ayudémoslos pero no salgamos con ellos. Si eres casado pues no salgas con una mujer que no sea tu esposa, puede que solo sea tu amiga, pero los comentarios de las personas pueden dañar tu relación y reputación, además, tarde o temprano pueden cambiar los papeles y puedes perder todo tu matrimonio por algo que no vale la pena. Si eres casada a la inversa no salgas sola con un hombre que no sea tu esposo. Pensemos que si solo vamos a tomar un café mejor salgamos con una amiga o en grupo. Asimismo, si antes veíamos películas fuertes, es mejor que ya no las veamos. Si antes nos gustaba tomar unas copas de más, limitémonos.

PERO SI NOS CUIDAMOS Y VIVIMOS VIDAS AGRADABLES A DIOS LAS COSAS VAN A SER MUCHO MÁS FÁCILES.

Probablemente enfrentemos los mismos problemas que teníamos antes de aceptar a Cristo en nuestro corazón, pero la diferencia en nuestra vida es que ahora ya no vamos a estar solos. Tenemos un Padre, un amigo y un consejero, que nos guía, orienta y apoya. Si nos cuidamos y vivimos vidas agradables a Dios las cosas nos van a parecer mucho más sencillas, por duras o difíciles que sean, pues Él va a estar con nosotros. Con Jesús de nuestro lado, ya la victoria está ganada.

Esta nueva forma de vivir es una entrega, sí, entrega por un lado de las cosas que no debemos hacer, y por otro lado, es entregarle a Él nuestras cargas, esto es sumamente difícil, pero se trata de "entregar" las cosas a quien sí puede resolverlas y esperar con mucha fe en Él.

Debemos quitar de en medio nuestra "autosuficiencia", para darle lugar al único que puede, al único que sabe cómo hacer las cosas y lo que realmente nos conviene. Esto es muy difícil, probablemente tú, al igual que esta servidora vas a la Iglesia, te arrodillas, lloras ante Jesús y le cuentas tus problemas... Él trata de consolarnos, pero estamos tan agobiados que no nos damos cuenta. Él espera que le dejemos nuestros problemas y que confiemos que los resolverá, pero ¿por qué nada cambia?, ¿por qué nada pasa?, ¿por qué continuamos con la misma carga? porque somos incapaces de dejarle nuestros problemas a sus pies y confiar en Él. En el fondo, esa es falta de fe, falta de amor y de conocimiento.

Dios no espera que vayamos por el mundo haciendo penitencia o que nos castiguemos innecesariamente. No espera tampoco que por haberlo recibido en nuestros corazones nos volvamos personas "robot", sin emociones y que nos volvamos santos de la noche a la mañana. Dios espera que lo amemos sobre todas las cosas y que por ese amor cambiemos nuestra forma de actuar y comencemos a confiar, a esperar en Él y a hacer las cosas que le agradan.

Eso es ser apartados, eso es ser escogidos. Cambiar y nunca volver atrás. Comenzar una nueva vida con Él y para Él. Dios nos aparta, nos hace una nueva criatura y comienza a caminar con nosotros, si de verdad le hemos abierto el corazón lo que tenemos que hacer es cambiar por amor a Él y reflejar ese cambio sin temor, hagamos que "se note". Dice Pablo en la carta a los Efesios 4,23-32 "...Sean renovados en la actitud de su mente; y póngase el ropaje de la nueva naturaleza, creada a imagen de Dios, en verdadera justicia y santidad. Por lo tanto, dejando la mentira, hable cada uno a su prójimo con la verdad, porque todos somos miembros de un mismo cuerpo. 'Si se enojan, no pequen.' No dejen que el sol se ponga estando aún enojados, ni den cabida al diablo. El que robaba, que no robe más, sino que trabaje honradamente con las manos para tener qué compartir con los necesitados. Eviten toda conversación obscena. Por el contrario, que sus palabras contribuyan a la necesaria edificación y sean de bendición para quienes escuchan. No agravien al Espíritu Santo de

Dios, con el cual fueron sellados para el día de la redención. Abandonen toda amargura, ira y enojo, gritos y calumnias, y toda forma de malicia. Más bien, sean bondadosos y compasivos unos con otros, y perdónense mutuamente, así como Dios los perdonó a ustedes en Cristo..."

Instrucciones sumamente claras, ¿cierto? Lo importante, mostrar ese cambio en nuestra vida. Reflejar lo que decimos creer. Intentar mejorar cada día un poco más. No tengamos miedo de ser un mal ejemplo. Afectamos más a las personas callando lo que somos, que diciendo "no somos especiales, somos perdonados y estamos intentando ser Cristianos, estamos comenzando a caminar con Jesucristo". Es cierto, vamos a cometer errores, pero vamos a tener muchos aciertos y ésos son los que necesitamos que los demás vean. Hay un grupo de jóvenes de una Comunidad que tiene una camiseta muy bonita con el triángulo símbolo que colocan en las carreteras cuando están realizando trabajos y dice: "Disculpe las molestias, siervos en construcción". Una camiseta así deberíamos colocarnos todos. Recordemos cristianismo no es sinónimo de perfección, es sinónimo de amor.

Podemos cometer errores, podemos todavía hacer cosas malas, perder la paciencia, enojarnos, etc., pero poco a poco, mientras más nos acerquemos a Jesús, estas cosas y situaciones van a suceder en menor intensidad y poco a poco van a ir desapareciendo, a medida que crezcamos en su gracia, en su palabra, en nuestra relación con Él.

Aunque nos equivoquemos o pequemos, comencemos a caminar como cristianos y a tratar de "ser y parecer", genuinamente, poniendo en práctica lo aprendido. El amor que hemos recibido debemos transmitirlo, lo que hemos aprendido compartirlo, en fin, dar a otros lo que a nosotros nos ha servido tanto para cambiar nuestras vidas. Esa es la razón por la que escribo este libro, para dar lo que me fue dado.

También es fundamental que aprendamos a decir NO, a aquello que nos puede dañar tanto física como espiritualmente y que aprendamos a decir que somos cristianos. Este paso es uno de los más difíciles en la vida de cualquiera, ya que a veces nos da pena, pues no sabemos qué pensarán los demás o si nos van a tildar de fanáticos y se burlarán de nosotros, etc., incluso comenzar a leer la Biblia o enseñársela a un grupo de personas, es muy difícil y nos cuesta hacerlo...

La verdad es que mientras más rápido demos ese paso, sin importar lo que piensen los demás, mientras más leamos la Biblia, mientras más asistamos a reuniones o a prédicas, conciertos o actividades de la Iglesia, de las comunidades, de los grupos, mientras más oremos, mientras más digamos NO a aquello que puede perjudicarnos, más rápido estaremos caminando en la vida cristiana con las bendiciones y promesas que el Señor nos ha preparado.

Apartémonos de las tradiciones y de las actividades de la gente, comencemos a vivir nuestras propias vidas sujetas a Dios.

"EVITEN TODA CONVERSACIÓN OBSCENA. POR EL CONTRARIO, QUE SUS PALABRAS CONTRIBUYAN A LA NECESARIA EDIFICACIÓN Y SEAN DE BENDICIÓN PARA QUIENES ESCUCHAN".

Dejemos de creer también en las cosas que nos dicen, por ejemplo: como estás cerca de Dios te van a probar en el fuego, vas a sufrir o a padecer, para ser purificado.

Personalmente discrepo totalmente con esta idea, es cierto Jesucristo dijo; "Estas cosas os he hablado para que en mí tengáis paz. En el mundo tendréis aflicción; pero confiad, yo he vencido al mundo" (Juan 16,33).

¿Qué nos dice nuestro Señor? que es cierto que van a haber problemas, dificultades, pero que confiemos siempre en Él. Jesucristo dijo además: "El ladrón no viene más que a robar, matar y destruir; yo he venido para que tengan vida, y la tengan en abundancia" (Juan 10,10).

¿Una vida abundante no es una vida llena de sufrimientos o problemas?, Dios es amor, paz, abundancia. Si estás pasando alguna prueba ten la certeza que es temporal y que Dios estará atento a cuidarte y darte la salida. Él no quiere que sus hijos estén todo el tiempo atribulados, permite algunas cosas para que crezcamos, para que aprendamos, para que seamos mejores personas, pero nada más. Ahora, algunos misioneros sí se sacrifican por la causa de Jesús, pero todo tiene un propósito importante. No es que a Dios le gusta que suframos. No dijo Jesucristo también "Pues si ustedes, aun siendo malos, saben dar cosas buenas a sus hijos, ¡cuánto más su Padre que está en el cielo dará cosas buenas a los que le pidan!" (Mateo 7,11)

En resumen, no nos conformemos a vivir con las reglas de este mundo, ¡atrevámonos a ser diferentes! Pero para bien, aprendamos de las pruebas, levantemos la cabeza, sintámonos hijos de Dios y vayamos a conquistar el mundo.

En Deuteronomio 30,19 Dios dice lo siguiente: "Hoy pongo al cielo y a la tierra por testigos contra ti, de que te he dado a elegir entre la vida y la muerte, entre la bendición y la maldición. Elige, pues, la vida, para que vivan tú y tus descendientes".

Escojamos pues la vida viviendo el cristianismo y reflejándolo a través de nuestra vida y frutos a otros.

¡APARTADOS DEL MUNDO!

---

[30] Romanos 12,2

CAPÍTULO X
PENSEMOS DE NOSOTROS CON CORDURA

A lo largo de nuestra vida vamos acumulando diferentes tipos de cargas, de heridas y vamos arrastrando cosas que no queremos soltar y que nos hacen daño. En forma consciente o no, acumulamos recuerdos negativos que van minando nuestra autoestima, nuestro gozo y pueden hasta enfermarnos. Estas heridas se van transformando en resentimientos, en falta de perdón, en dolor, en amargura, en tristeza...

Cuando pensamos en nosotros, pensamos a través de lentes empañados de esas heridas, de ese dolor y nos da una imagen que no es sana de lo que nosotros somos.

¿Por qué?, como lo vimos antes puede ser por:

- Lo que nos dijeron: insultos, errores, malas expresiones, juicios equivocados, "nadie te va a querer", "eres imposible", "eres tonto", etc., etc., etc.

- Lo que nos hicieron: golpes, castigos muy duros, avergonzarnos en público, abusos, etc., etc., etc.

También puede ser por cosas que jamás nos dijeron como "yo creo en ti", "eres mi campeón", "eres mi niña", "todo va a estar bien", "mamá te quiere", "papá te quiere" o por lo que nunca hicieron por nosotros, faltarnos cuando más necesitábamos a alguien a nuestro lado, los rechazos que sufrimos, etc., etc., etc.

He usado muchos etcétera a propósito para que pensemos en nuestra experiencia personal, lo que me pasó, lo que te pasó, cómo nos hicieron daño. No para que abramos una herida, sino para que la cerremos definitivamente.

En este momento quisiera que reflexionemos y recordemos lo que nos pasó, lo que nos dijeron, tomémonos unos minutos...

Ahora quiero decirte quiénes realmente somos, para que podamos vernos a través del lente limpio y claro de Dios, a través de sus ojos de amor. Oro para que el Espíritu Santo pueda convencerte de esta verdad tan importante y podamos dejar atrás sentimientos de tristeza, de soledad, de dolor, menosprecio o falta de estima y cambiarlos por gozo, paz y seguridad.

> EL ESPÍRITU MISMO LE ASEGURA A NUESTRO ESPÍRITU QUE SOMOS HIJOS DE DIOS. Y SI SOMOS HIJOS, SOMOS HEREDEROS; HEREDEROS DE DIOS Y COHEREDEROS CON CRISTO.

Lo primero que debemos asimilar correctamente es que somos hijos de un Rey. Talvez por no saberlo, hemos vivido nuestra vida como mendigos. Hemos prestado oído a lo que no somos. Por favor prestemos oídos a lo que sí somos, a lo que sí eres. Esto es difícil de comprender, porque talvez hemos llevado una vida de pobreza, esas son circunstancias que nos ha tocado enfrentar pero tu identidad como cristiano es que eres un hijo de Dios y si hijo, heredero.

Por favor leamos este pasaje: Porque todos los que son guiados por el Espíritu de Dios son hijos de Dios. Y ustedes no recibieron un espíritu que de nuevo los esclavice al miedo, sino el Espíritu que los adopta como hijos y les permite clamar: «¡Abba! ¡Padre!» El Espíritu mismo le asegura a nuestro espíritu que somos hijos de Dios. Y si somos hijos, somos herederos; herederos de Dios y coherederos con Cristo, pues si ahora sufrimos con él, también tendremos parte con él en su gloria.[31]

¿Vamos comprendiendo quiénes somos para Dios? "El día que yo actúe ellos serán <u>mi propiedad exclusiva</u> dice el Señor Todopoderoso. Tendré compasión de ellos, como se compadece un hombre del hijo que le sirve".[32] (Subrayado de la autora). En otra versión dice porque son "mi especial tesoro". Sigue leyendo conmigo: "Pero ustedes son linaje escogido, real sacerdocio, nación santa, pueblo que pertenece a Dios, para que proclamen las obras maravillosas de aquel que los llamó de las tinieblas a su luz admirable".[33]

Talvez nos preguntemos ¿cómo puedo saber que soy hijo de Dios?, en el Evangelio de San Juan 1,12-13 dice: "Mas a cuantos lo recibieron, a los que creen en su nombre, les dio el derecho de ser hijos de Dios. Éstos no nacen de la sangre, ni por deseos naturales, ni por voluntad humana, sino que nacen de Dios".

Si hicimos la oración de aceptación y recibimos a Jesús, si creemos en Él, si estamos intentando caminar con Él, si buscamos escuchar de Él, Dios nos dice que tenemos el derecho de ser sus hijos y si hijos, herederos.

Dios conoce nuestro pasado, nuestro presente y lo que será nuestro futuro. Él nos creó y nos cuidó desde el vientre de nuestra madre y luego cuando le abrimos el corazón nos entrega un diploma que llevamos en la frente que dice "Hijo de Dios", ¿no es un gran título?

Esa es nuestra verdadera identidad, lo demás son circunstancias que vivimos que pueden cambiar en cualquier momento.

Estoy segura que si supiéramos y nos comportáramos como quienes realmente somos, tendríamos una actitud diferente y podríamos tener el mundo a nuestros pies. Dejaríamos pensamientos negativos, vicios, miedos y enfrentaríamos cada día con entusiasmo, con valor, con energía, con mucho gozo para compartir y con una correcta autoestima que nos permitiría vernos como nos ve Dios.

No nos veríamos forzados por ejemplo a tratar de complacer a los demás, para sentirnos "aceptados", en otras palabras, no mendigaríamos amor ni aceptación. Tendríamos una vida plena y satisfecha.

Vamos a hacer un ejercicio aquí y ahora, en el lugar en que nos encontremos cuando estemos leyendo esta parte. Hagámonos un auto análisis objetivo, veamos cuales son en nuestras cualidades positivas y negativas para tener un adecuado balance.

En una hoja en blanco dividámosla con una raya y coloquemos a la izquierda lo positivo y a la derecha lo negativo.

Con las cosas de la derecha pidámosle a Dios en oración que nos ayude a ir dejando esas cosas y con las de la izquierda, nuestras cualidades positivas, tratemos de desarrollarlas más y en oración digámosle a Dios que nos ayude a reflejarlas de mejor forma y a ponerlas al servicio de los demás.

Tratemos de desarrollar en este día una de esas cualidades para que sea fácilmente percibida por los demás, el día de mañana proyectemos otra y así, hasta que mostremos todas nuestras cualidades. Proyectemos adecuadamente todo lo bueno que hay en nosotros y tratemos de reconocer y admirar las buenas cualidades que hay en los demás, así siempre mantendremos un balance. Nos relacionaremos mejor con otros y la gente buscará estar cerca nuestro porque se sentirán cómodos, aceptados no criticados.

Además, si nos acostumbramos a reconocer las buenas cualidades de los demás, ellos mirarán las nuestras. Si tratamos a los demás con respeto y admiración, puedo asegurar que los demás también nos tratarán así. Comencemos un círculo de gente de bien, de cristianos modelos para otros, así Dios se agradará de nuestras vidas y podrá bendecirnos más.

Como comenté, antes de conocer al Señor, era una persona arrogante, creía que sólo yo podía hacer bien las cosas y que sólo yo era inteligente, etc. Hoy me doy cuenta que con esa actitud pude herir a varias personas, me hice antipática para otros y talvez distancié a alguna gente.

Ahora estoy en el camino de mejorar, a veces me equivoco, pero cada día me arrepiento y le digo a Dios, lo voy a volver a intentar, hoy me equivoqué, hoy perdí la paciencia, hoy dije algo equivocado, hoy hice algo incorrecto… por favor, ayúdame a continuar cambiando para ser la mujer que tú anhelas que sea.

Dios me perdonó por esa actitud y me continúa perdonando cada día, espero que también las personas a los que ofendí o minimicé, también algún día puedan disculparme. Si este libro llegara a sus manos quisiera pedirles que me disculpen.

SI SUPIÉRAMOS Y NOS COMPORTÁRAMOS COMO QUIENES REALMENTE SOMOS, TENDRÍAMOS UNA ACTITUD DIFERENTE Y PODRÍAMOS TENER EL MUNDO A NUESTROS PIES. DEJARÍAMOS PENSAMIENTOS NEGATIVOS, VICIOS Y MIEDOS.

Pero por mi ejemplo, pido que no nos vayamos a los extremos, reconocer nuestras cualidades no significa que nos volvamos orgullosos o prepotentes, ni que veamos de menos a los demás, tenemos que tener una imagen positiva, pero a la justa medida.

Pensemos de nosotros con cordura, de la forma correcta, con humildad no con humillación ni con exaltación. Dice la palabra de Dios: "Nadie tenga un concepto de sí más alto que el que debe tener, sino más bien piense de sí mismo con moderación, según la medida de fe que Dios le haya dado".[34]

Veámonos a través del lente limpio y claro de Dios, a través de sus ojos de amor y proyectémonos ante los demás como hijos y herederos.

¡PENSEMOS DE NOSOTROS CON CORDURA!

[31] Romanos 8,14-17
[32] Malaquías 3,17
[33] 1 Pedro 2,9
[34] Romanos 12,3

CAPÍTULO XI
DEJEMOS LAS COSAS QUE NO LE AGRADAN

Santidad es dedicar a Dios una cosa o una persona. En este sentido, la santificación es un deseo de consagrarse uno mismo al Señor. El deseo de agradar a Dios en todo, de servirle con todo el corazón, dejando o apartando las cosas y actitudes que no le agradan, que no son parte de nuestra vida cristiana.

La santidad es lo que nos distingue de las demás personas. Recordemos que en el capítulo IX vimos que aunque vivamos en este mundo somos diferentes, ya no nos van a gustar las mismas cosas, que poco a poco vamos a ir cambiando. Por ejemplo si antes disfrutábamos con chistes pasados de tono, poco a poco nos damos cuenta que ahora nos molestan; que si antes nos gustaba ir a que nos leyeran el futuro a través de cartas o algo parecido, de pronto ya no sentimos interés por cosas así. No es que nos volvamos personas sin emociones, aburridas, no, pero encontramos gozo y felicidad en otras cosas, en las cosas buenas, en las que te pueden asegurar una alegría duradera.

La palabra de Dios dice: "Me seréis santos, porque Yo soy santo"[35] y en otro pasaje: "Así como aquel que nos llamó es santo, sed también vosotros santos en toda vuestra manera de vivir; pues escrito está: Sed santos, porque Yo soy santo".[36] Aunque parezca sumamente difícil e inalcanzable, Dios pide que vivamos una vida de santidad, una vida de perfección, es decir, una vida de madurez cristiana. ¿Cómo logramos esto?, fijando los ojos en Él y apartando TODO lo que no lo glorifique.

La primera reflexión entonces es poder visualizar qué cosas nos apartan de Dios. Para que nos sea fácil identificarlas, pensemos que si estuviéramos frente a Dios ¿qué es lo que trataríamos de ocultarle?, ¿qué nos daría pena decirle?, ese hábito, eso que no podemos dejar, ese pecado recurrente. También consideremos ¿qué no haríamos delante de Él? Eso, se llame como se llame (infidelidad, mentira, robo, calumnia, pornografía...) que marca una brecha entre Dios y nosotros. Él quiere que se lo ofrezcamos hoy. Es decir, que renunciemos a eso por amor.

> PARA VISUALIZAR QUÉ COSAS NOS APARTAN DE DIOS, PENSEMOS EN ESTO, SI ESTUVIÉRAMOS FRENTE A DIOS ¿QUÉ ES LO QUE TRATARÍAMOS DE OCULTARLE?, ¿QUÉ NOS DARÍA PENA DECIRLE?

Para dejar las cosas que no agradan a Dios ayuda muchísimo llamar al pecado por su nombre, por ejemplo: no es que "la estaba consolando por que se sentía sola", se llama adulterio; no es "tomar prestado", es robar; no es "decir algo que no nos consta del todo", es una calumnia y así con todo. Cuando escuchamos lo feo que suena, nos percatamos de que es algo incorrecto y debemos evitarlo, así como todas las cosas que no le agradan a Dios y que sabemos en nuestro corazón que están mal.

Quiero aclarar, no me refiero a errores o a pecados del pasado que Dios ya perdonó. Hablo de cuestiones recurrentes que no podemos dejar, relaciones indebidas que tenemos que parar, actitudes y comportamientos que no podemos mantener. Pues mientras sigamos haciendo esas cosas, estaremos alejándonos de nuestro Señor y mientras más nos alejemos, más difícil será el camino de regreso.

También ayuda pensar en el ¿para qué?, por ejemplo, te sientes mal y quieres salir, buscas la compañía de un hombre casado o de una mujer casada, ¿para qué? hagamos un análisis: no conseguiremos nada, nuestra reputación puede verse dañada, nos podemos meter en un lío si nuestro cónyuge nos ve, mejor salgamos solos ¿no? Siempre preguntémonos ¿para qué?. Te cuento una experiencia mía, yo tuve un noviecito con el que todos creíamos que me casaría, pero no fue así. El se casó, vive fuera, pero me seguía dando muestras de su amor, de su interés y cada vez que venía al país me llamaba y me quería ver. Al principio fue simpático verlo, pero de pronto, comencé a hacerme esa pregunta y ¿para qué verlo? me estoy exponiendo que me vean en público con un hombre casado, ¿para qué?, ¿para recordar una relación que no se dio?

Hay otra idea importante para mencionar, como dice un gran predicador, todas las grandes caídas comienzan por pequeñas grietas, por pequeños "permisos" que nos damos... Creemos que un beso es algo simple e inocente, el problema es que esas pequeñas grietas cada vez se hacen más grandes hasta que producen los grandes derrumbes, es decir, hasta que una edificación se derriba o una vida se acaba. Pues por ejemplo, ese beso se transforma en un abrazo y beso, luego en abrazo, beso, caricia y luego, sin darnos cuenta, pasó algo que no nos va a beneficiar en nada y sí puede destruir matrimonios, familias.

¿Cuántas tragedias familiares se pudieran evitar si no hubiéramos dado ese primer paso, ese pequeño permisito? Recordemos las consecuencias, el pecado siempre va a "lucir" agradable, pero si pensamos un poquito más allá y vemos las posibles consecuencias, entonces será más fácil detenernos. Por ejemplo esa mujer puede verse muy bonita y atractiva, pero consideremos ¿cómo se vería con unos seis meses de embarazo? y ¿cómo se vería con esos seis meses de embarazo de un hijo tuyo? Así ya no luce tan atractiva, ¿cierto? Hay muchas cosas en la vida que es mejor evitar y como lo dice Proverbios 16,32: "Más vale ser paciente que valiente; más vale dominarse a sí mismo que conquistar ciudades".

Confiemos en Dios, pidámosle su dirección, pues con su guía evitaremos cometer errores que nos van a dar a grandes problemas y consecuencias terribles tanto a nivel personal como laboral o espiritual.

Leamos lo que dice el Apóstol Pablo sobre esto en Gálatas 5,19-21 "Las obras de la naturaleza pecaminosa se conocen bien: inmoralidad sexual, impureza y libertinaje; idolatría y brujería; odio, discordia, celos, arrebatos de ira, rivalidades, disensiones, sectarismos y envidia; borracheras, orgías, y otras cosas parecidas. Les advierto ahora, como antes lo hice, que los que practican tales cosas no heredarán el reino de Dios".

No dice los que las han practicado y se arrepienten o se arrepintieron, sino los que continuamente las practican. Si creemos que ese pecado, que ese error es más fuerte que nosotros, puedo confirmar que no es cierto. Dios está de nuestro lado y si queremos hacer las cosas que le agradan y dejar las que no, Él nos dará las fuerzas, la convicción y la voluntad necesaria para hacerlo.

Aquí es importante hacer una pausa y no caer en una trampa difícil. Muchas veces al mirar lo que hicimos, nos arrepentimos y le prometemos a Dios ya no hacerlo nunca y a veces caemos en el error de nuevo. En ese momento tenemos que tener bien presente la misericordia y el amor inagotable de Dios. Arrepentimiento sí, auto-condenación no. Arrepintámonos de todo corazón, confesemos nuestro pecado y tengamos la plena certeza que Dios es fiel y justo para perdonarnos las veces que sea necesario y que nos dará las fuerzas para dejar las cosas que no lo glorifican en nuestra vida.

Pero decidámonos a intentarlo de verdad. No juguemos tampoco con Dios, ni tratemos de engañarlo.

Recordemos que al aceptar al Señor Jesús en nuestra vida, se cumple la promesa que Él nos dejó que nos enviaría al consolador, al Espíritu Santo y si lo tenemos, nos convertimos en templos suyos, como ya mencionamos. Por lo tanto debemos cuidarnos. Debemos ser muy responsables con nuestros cuerpos, mentes y almas. Es decir, debemos ir dejando todo lo que no edifica nuestra vida. Percatémonos de la existencia del Espíritu Santo, aprendamos a distinguir su voz, es ese suave murmullo que nos habla al oído, que nos consuela, que nos aconseja, que nos hace sentir amados o a veces lo que nos detiene, quien nos hace pensar dos veces si ir a algún sitio o no.

DIOS ESTÁ DE NUESTRO LADO Y SI QUEREMOS HACER LAS COSAS QUE LE AGRADAN Y DEJAR LAS QUE NO, ÉL NOS DARÁ LAS FUERZAS, LA CONVICCIÓN Y LA VOLUNTAD PARA HACERLO.

Quisiera que recordáramos la historia de Elías en este momento, porque al dedicarnos al servicio de Dios, al entrar en sus caminos hay momentos de mucha fortaleza, de victoria, que estamos dispuestos a conquistar, a batallar, a orar y pedir por milagros, tenemos una fe grande, pero hay momentos por alguna circunstancia que experimentamos o por cansancio, en los que nos deprimimos y nos alejamos de Dios.

Esta historia de Elías es fascinante, quiero resumirla un poco, Elías se enoja por que el pueblo de Israel había dejado a Dios y se dedicaba a dar culto a falsos dioses, entonces les dice que decidan, entre Dios y los ídolos. Como el pueblo no responde lanza un reto, el Dios que logre que baje fuego del cielo será el verdadero, leamos esta historia en 1a Reyes 18-19.

Continúo resumiendo, Elías ora al Señor y del cielo baja un fuego que consume su holocausto, luego él mata a los profetas de los falsos dioses y ora por lluvia y se abren los cielos.

El corre a refugiarse de la lluvia, pero en el camino se entera que la hechicera esposa del rey lo ha amenazado, que procurará matarlo y Elías huye y se esconde en una cueva, he copiado solo esta parte (1a Reyes 19,9-18).

Y DESPUÉS DEL FUEGO VINO UN SUAVE MURMULLO. CUANDO ELÍAS LO OYÓ, SE CUBRIÓ EL ROSTRO CON EL MANTO Y, SALIENDO, SE PUSO A LA ENTRADA DE LA CUEVA.

"El Señor se le aparece a Elías Más tarde, la palabra del Señor vino a él.

—¿Qué haces aquí, Elías? —le preguntó.

—Me consume mi amor por ti, Señor Dios Todopoderoso —respondió él—. Los israelitas han rechazado tu pacto, han derribado tus altares, y a tus profetas los han matado a filo de espada. Yo soy el único que ha quedado con vida, ¡y ahora quieren matarme a mí también!

El Señor le ordenó:

—Sal y preséntate ante mí en la montaña, porque estoy a punto de pasar por allí.

Como heraldo del Señor vino un viento recio, tan violento que partió las montañas e hizo añicos las rocas; pero el Señor no estaba en el viento. Al viento lo siguió un terremoto, pero el Señor tampoco estaba en el terremoto. Tras el terremoto vino un fuego, pero el Señor tampoco estaba en el fuego. Y después del fuego vino un suave murmullo. Cuando Elías lo oyó, se cubrió el rostro con el manto y, saliendo, se puso a la entrada de la cueva.

Entonces oyó una voz que le dijo:

—¿Qué haces aquí, Elías?

Él respondió:

—Me consume mi amor por ti, Señor, Dios Todopoderoso. Los israelitas han rechazado tu pacto, han derribado tus altares, y a tus profetas los han matado a filo de espada. Yo soy el único que ha quedado con vida, ¡y ahora quieren matarme a mí también!

El Señor le dijo:

—Regresa por el mismo camino, y ve al desierto de Damasco. Cuando llegues allá, unge a Jazael como rey de Siria, y a Jehú hijo de Nimsi como rey de Israel; unge también a Eliseo hijo de Safat, de Abel Mejolá, para que te suceda como profeta. Jehú dará muerte a cualquiera que escape de la espada de Jazael, y Eliseo dará muerte a cualquiera que escape de la espada de Jehú. Sin embargo, yo preservaré a siete mil israelitas que no se han arrodillado ante Baal ni lo han besado".

Me encanta este pasaje porque muchas veces tú y yo nos metemos en cuevas de depresión, temor, tristeza, dolor... talvez nos sucedió algún evento triste, nos pasó alguna situación difícil o estamos muy cansados de la vida, de los problemas, etc. Pero si leemos bien el pasaje, por más cansado o triste que estuviera Elías supo reconocer la voz de Dios. Si tú le has servido a Dios, si has caminado con Él, no hay problema, tristeza, dolor que te pueda separar. Dios no te va a reclamar el por qué estás así, llegará como un amigo para preguntarte ¿qué haces aquí? y te dirá que hay mucho por hacer, que salgas de esa cueva.

Cuando experimentemos algo parecido en nuestras vidas, en el servicio a Dios, recordemos esto: Elías luchaba por la santidad, en contra de la idolatría y eso lo dejó sin fuerzas. Cuando tú y yo luchamos contra el pecado podemos cansarnos, pero Dios siempre va a llegar en ese suave murmullo a hablar a nuestro corazón para darnos ánimos y decirnos que sigamos, que nos necesita, que somos importantes para lograr sus propósitos.

Comencemos este mismo día a dejar las cosas que no le agradan, huyamos del pecado, pidamos a Dios que tengamos dominio propio para resistir las tentaciones que se nos presenten y así vivir conforme a sus reglas.

¡DEJEMOS LAS COSAS QUE NO LE AGRADAN!

---

[35] Levítico 11,44
[36] 1 Pedro 1,15-16

CAPÍTULO XII
ABRAMOS LAS PUERTAS AL CAMBIO

Para poner en práctica todo lo que anotamos en el capítulo anterior, recordemos que nuestro caminar con Dios no es una carrera de velocidad, es una carrera de resistencia, ¿y qué debe hacerse para correr una carrera de resistencia? la respuesta es entrenar.

Ante esa afirmación surge naturalmente la pregunta ¿cómo podemos entrenar para caminar con Dios?

Quiero que tomemos en cuenta varios consejos recopilados de todas las prédicas, campañas y mensajes que he recibido a lo largo de mi vida y los que Dios ha puesto en mi corazón:

En primer lugar la **lectura de su palabra,** tenemos que adquirir el hábito de la lectura diaria de la Biblia para poder ir conociendo a nuestro Dios, para ver el ejemplo de grandes hombres y mujeres a través de los cuales, Dios ha hecho cosas extraordinarias.

Con los Evangelios vamos a tener una idea de cómo es nuestro Señor Jesucristo, poco a poco, Él nos va a ir revelando más sobre su persona. En cada pasaje se encierra una verdad y como la palabra de Dios es algo vivo, en un momento de nuestra vida un pasaje va a significar algo y posteriormente, en otro momento que necesitemos algo diferente, va a tener una acepción distinta y nos va a ministrar y ayudar en otra área. Es algo inexplicable, pero el Espíritu de Dios nos va revelando cosas distintas, especiales y nos va abriendo los ojos para que poder comprender cada pasaje ahí escrito. Tenemos tanta riqueza para conocer, leamos un poco a cada día.

En segundo lugar, entrenamos para nuestro caminar con Dios **a través de la oración**. Las primeras veces podrá ser difícil saber qué decirle o cómo hacerlo. Luego talvez podemos caer en la rutina de hacer una oración con una lista de peticiones casi como que fuera de compras, donde no dejamos de hablar ni de pedir. Aquí debemos considerar que orar es hablar con Dios y cuando se conversa con alguien tenemos que permitir que esa persona también hable. Tenemos que tener palabras sí, pero debemos también silencios en los que nos pueda contestar.

ORAR ES HABLAR CON DIOS Y CUANDO SE CONVERSA CON ALGUIEN TENEMOS QUE PERMITIR QUE ESA PERSONA TAMBIÉN HABLE. TENGRAMOS PALABRAS SÍ, PERO TAMBIÉN SILENCIOS EN LOS QUE PUEDA CONTESTAR.

Un tercer paso, **es escuchar la palabra de Dios**. Es muy importante que asistamos a la iglesia, escuchemos prédicas, sermones, también podemos sintonizar mensajes por la radio, televisión o internet y es excelente formar parte de un grupo en el que estemos cómodos y donde compartamos con personas afines.

En las iglesias, hoy día, hay grupos de todas las edades. Busquemos un grupo en el que podamos participar, aprender y no dejemos de ir a los servicios diarios o semanales. Es importante que escuchemos la palabra de Dios, la Biblia dice: "Así que la fe viene como resultado de oír el mensaje, y el mensaje que se oye es la palabra de Cristo".[37]

Como parte de este entrenamiento, debemos también **escuchar y entonar alabanzas**. Cuando uno alaba a Dios llega más fácilmente a su presencia. Sería bueno si encontráramos un sitio tranquilo donde podamos colocar un disco de alabanzas para que nuestro Espíritu se sintonice con el de Dios y podamos llegar hasta su Trono.

Es indispensable alabarlo, darle gracias, bendecirlo. Dios hace diariamente grandes maravillas por nosotros, vivimos bajo su ala protectora, bajo su cuidado, tenemos tantas cosas por qué darle gracias, ya lo dijo el Salmista: "Alaba, alma mía, al Señor, y no olvides ninguno de sus beneficios. Él perdona todos tus pecados y sana todas tus dolencias; Él rescata tu vida del sepulcro y te cubre de amor y compasión; Él colma de bienes tu vida".[38] No hay que hacer un esfuerzo muy grande para encontrar por qué alabarlo, por qué bendecirlo, tan solo basta que abramos los ojos y encontraremos muchas razones para darle una genuina alabanza a nuestro Dios.

Quiero que consideremos que hay miles de milagros diarios que a veces pasamos desapercibidos, por ejemplo una vez tuve un pequeño accidente, por tomar una foto me subí a una silla de plástico, a la hora de bajarme se me quedó trabado el zapato y me golpeé la parte de atrás de la cabeza. Cuando traté de levantarme si lo hacía poniendo la cabeza de lado veía un sin fin de luces de colores que giraban a alta velocidad. Si me levantaba hacia el frente se me "desconectaba" el cuerpo, no podía mover brazos, piernas, nada.

En un día, en un instante Dios me hizo ver los milagros que tenemos cada día y que pasamos desapercibidos: mover las manos, los pies, poder comer, poder ir al baño sin asistencia, caminar, ver, escuchar. Hay gente que daría miles de dólares por tener una facultad así. Sólo por poder respirar sin asistencia de ninguna máquina hay que darle gracias infinitas a Dios. Esa noche un ángel disfrazado de mujer oró por mí y luego pude volver a caminar. Afortunadamente ya servía yo al Señor antes de eso, pero no esperemos a que pase algo difícil para seguir a Dios o para agradecerle por sus bondades.

Otro paso muy importante para nuestra carrera con Dios **es cumplir sus mandamientos y obedecer su voluntad**. En la palabra de Dios hay una serie de normas que nos pide que sigamos, se conocen como mandamientos, hay uno que es el más importante, como lo afirmó Jesús: "Ama al Señor tu Dios con todo tu corazón, con toda tu alma y con toda tu mente' -le respondió Jesús-. Éste es el primero y el más importante de los mandamientos. El segundo se parece a éste: Ama a tu prójimo como a ti mismo.' De estos dos mandamientos dependen toda la ley y los profetas".[39]

No es necesario explicar tanto esto. Cuando amamos a Dios podemos hacer cualquier cosa, cuando amamos a alguien estamos dispuestos a realizar cualquier sacrificio por esa persona. Si amamos a Dios entonces también vamos a ser capaces de mostrar su amor, su misericordia, de reflejar su luz, de evitar lo que no le agrada, entre otras cosas que Él nos vaya pidiendo, y si amamos a los demás no haremos daño, daremos bendición, ayudaremos en lo que podamos... ¿nos damos cuenta de eso? **Del amor a los demás, se deriva hacer el bien,** como lo dice Pablo: "Asegúrense de que nadie pague mal por mal; más bien, esfuércense siempre por hacer el bien, no sólo entre ustedes sino a todos".[40]

En cada oportunidad que podamos, cuando un amigo nos pida un favor, cuando veamos a alguien en dificultades, cuando nos enteremos de alguna necesidad, ¡hagamos el bien! Con palabras, oraciones y obras, como lo explica el apóstol Santiago: "Supongamos que un hermano o una hermana no tienen con qué vestirse y carecen del alimento diario, y uno de ustedes les dice: «Que les vaya bien; abríguense y coman hasta saciarse», pero no les da lo necesario para el cuerpo. ¿De qué servirá eso? Así también la fe por sí sola, si no tiene obras, está muerta".[41]

Un paso más para esta carrera de resistencia con nuestro Dios, es **arrepentirnos genuinamente de nuestros errores y pedir perdón**. Hemos hablado bastante del perdón, pero para que Dios nos dé su perdón y borre para siempre nuestras trasgresiones debemos tener un arrepentimiento verdadero. Dice la Biblia que "David era un hombre conforme al corazón de Dios", sí, podría cometer errores, pero sufría de una forma incomparable cuando se percataba de sus faltas y tenía un genuino arrepentimiento, por eso es que Dios dice que fue un hombre recto y que anduvo en sus caminos. Leamos el Salmo 51, que escribe David después de ser confrontado por su pecado con Betsabé y lo comprenderemos mejor:

"Abre, Señor, mis labios, y mi boca proclamará tu alabanza. Tú no te deleitas en los sacrificios ni te complacen los holocaustos; de lo contrario, te los ofrecería. El sacrificio que te agrada es un espíritu quebrantado; tú, oh Dios, no desprecias al corazón quebrantado y arrepentido".[42]

Esto me hace reflexionar y me confirma el mensaje que me dio el Señor: "Yo no exijo perfección, sino amor". Si nos equivocamos, arrepintámonos, pidamos perdón, pero sigamos adelante, la carrera hay que seguirla hasta el final, para poder decir un día como Pablo "He peleado la buena batalla, he terminado la carrera, me he mantenido en la fe".[43]

> SI AMAMOS A DIOS ENTONCES TAMBIÉN VAMOS A SER CAPACES DE MOSTRAR SU AMOR, SU MISERICORDIA, PODREMOS REFLEJAR SU LUZ Y SOBRE TODO, EVITAR LO QUE NO LE AGRADA. SI AMAMOS A LOS DEMÁS DEBEREMOS HACER EL BIEN SIEMPRE.

Con estos pasos en nuestra vida cristiana estamos abriendo las puertas de nuestra mente, de nuestro cuerpo y de nuestra alma a un cambio, un cambio para bien, como el que experimentó Pablo en el camino a Damasco cuando Jesús se le apareció.

Quiero motivarnos a dar estos pasos, cuando ya estemos más cerca de Dios, probablemente nos muestre otro camino, pero comencemos haciendo estas cosas y pronto experimentaremos un gozo, una energía, una forma de ser diferente.

Gracia y Presencia

Creo que en este punto debemos explicar estos conceptos. Desde el momento que aceptamos al Señor Jesús en nuestro corazón y comenzamos a caminar con Él, decimos que tenemos su gracia, la **gracia de Dios**, es decir su salvación, su perdón, su misericordia, a través de la vida de Jesucristo y de su sacrificio en la cruz.

UN HOMBRE O UNA MUJER CON LA PRESENCIA DE DIOS PUEDE ABRIR EL MAR ROJO, PUEDE SANAR ENFERMOS, PUEDE SACAR UN ESPÍRITU MALIGNO, PUEDE DARLE ÓRDENES A LAS COSAS Y ÉSTAS OBEDECERLES.

Estar en la gracia de Dios significa que ha perdonado nuestros pecados, que tenemos comunicación directa con el Padre y que somos adoptados como hijos de Dios.

Sin embargo, si queremos tener la **presencia de Dios** es algo diferente, ahí si debemos poner más de nuestra parte porque es el resultado de una búsqueda constante, de la santidad, de una vida de oración, de entrega y de consagración.

Me gustaría que pudiéramos experimentar pronto la presencia de Dios, pues si estamos con Dios se nota. Si hemos estado con Él, no podemos salir igual. Cuando Moisés salió de la presencia de Dios, Aarón, su hermano le dijo que se cubriera el rostro pues le brillaba demasiado. Pedro no pudo pasar desapercibido en la muchedumbre pues había estado con Jesús, leamos en Mateo 26,72-74: "Pero él negó otra vez con juramento: No conozco al hombre. Un poco después, acercándose los que por allí estaban, dijeron a Pedro: Verdaderamente también tú eres de ellos, porque aun tu manera de hablar te descubre. Entonces él comenzó a maldecir, y a jurar: No conozco al hombre. Y en seguida cantó el gallo".

Aun tu manera de hablar... Sí, Dios también hace que uno hable diferente, por eso Pedro comenzó a maldecir, para tratar de ocultarse.

Un hombre o una mujer con la presencia de Dios puede abrir el mar rojo, puede sanar enfermos, puede sacar un espíritu maligno, puede darle órdenes a las cosas y éstas obedecerles... Un hombre como Josué con la presencia de Dios le dio órdenes al sol para que se detuviera y pudiera terminar con sus enemigos.

Veámoslo en Josué 10,12-14: "Ese día en que el Señor entregó a los amorreos en manos de los israelitas, Josué le dijo al Señor en presencia de todo el pueblo: 'Sol, detente en Gabaón, luna, párate sobre Ayalón'. El sol se detuvo y la luna se paró, hasta que Israel se vengó de sus adversarios. Esto está escrito en el libro de Jaser. Y, en efecto, el sol se detuvo en el cenit y no se movió de allí por casi un día entero. Nunca antes ni después ha habido un día como aquel; fue el día en que el Señor obedeció la orden de un ser humano. ¡No cabe duda de que el Señor estaba peleando por Israel!".

Impresionante ¿verdad? Sí, una persona con la presencia de Dios se transforma, no puede quedar igual. Busquemos esa presencia, esa cercanía, lleguemos ante su Trono en alabanza, en adoración, en oración, haciendo el bien... Penetremos hasta su lugar santísimo y ahí, quitémonos las sandalias de la arrogancia, de la autosuficiencia y entreguémonos al Señor para que nos llene de su poder, de su amor, de su misericordia.

Sólo con su presencia nuestra vida va a adquirir un sentido diferente, no nos quedemos solo con la gracia de Dios, busquemos algo más. La gracia es un regalo, pero la presencia de Dios es el resultado de una búsqueda constante, de una carrera de resistencia, para la que tenemos que prepararnos diariamente.

"Si la gracia nos permite hacer cosas buenas, la presencia de Dios hace que todas las cosas sean buenas", decía un predicador, hace que cada conversación que tengamos sea una prédica, que cada palabra salida de nuestros labios sirva para edificar, que cada vez que impongamos manos, la gente sane, que los malos espíritus se alejen, que cada experiencia en nuestra vida sea gratificante y de adoración para Dios.

Elías y Eliseo decían "Dios en cuya presencia estoy"[44] imaginemos lo que significa estar en el presencia de Dios, Elías oró a Dios y no llovió en la tierra por tres años y medio, luego oró y descendió fuego del cielo, después oró por lluvia y Dios abrió los cielos y envió lluvia, como lo vimos en el capítulo anterior. Asimismo, Eliseo oró a Dios y le devolvió la vida a un niño; el ejército Sirio que lo sitiaba fue cegado y llevado a Samaria, desde donde los devolvieron a su país. Eliseo oró a Dios y envió a lavarse siete veces en el Jordán a Naamán general del Ejército Sirio y fue limpio de su lepra. También con su oración hizo que una vasija de aceite llenara muchos depósitos sin acabarse, para que una viuda y sus hijos tuvieran provisión para vivir. ¿Podemos ver lo que consigue la oración de un hombre o de una mujer con la presencia de Dios?

Muchas personas experimentan la gracia de Dios, pero muy pocas la presencia de Dios. Cuando le preguntaban a Madre Teresa de Calcuta como podía hacer tantas obras con su avanzada edad y sus quebrantos de salud, ella decía: "Tengo siempre presente al Señor, con Él a mi derecha, no vacilo". ¡Qué palabras más maravillosas! Con Él a nuestra derecha, no vacilemos! Demos estos pasos para abrir las puertas al cambio, para permitir que Dios no sólo que nos toque con su gracia, sino que nos transforme con su presencia.

¡ABRAMOS LAS PUERTAS AL CAMBIO!

---

[37] Romanos 10,17   [38] Salmo 103,2-5
[39] Mateo 22,37-40   [40] 1a. Tesalonicenses 5,15
[41] Santiago 2,15-17   [42] Salmo 51,15-17
[43] 2a. Timoteo 4,7   [44] 1a. Reyes 17,1 y 2a. Reyes 3,14

CAPÍTULO XIII

CEDAMOS EL CONTROL

En estas historias que le envían a uno por internet, había una muy interesante sobre un alpinista, probablemente la conocemos, pero, es importante volver a leerla.

El alpinista

Cuentan que un alpinista, desesperado por conquistar el Aconcagua inició su travesía, después de años de preparación, pero quería la gloria para él solo, por lo tanto subió sin compañeros. Empezó a subir y se le fue haciendo tarde y más tarde, y no se preparó para acampar, sino que decidió seguir subiendo decidido a llegar a la cima. Oscureció, la noche cayó con gran pesadez en la altura de la montaña y ya no se podía ver absolutamente nada.

Todo era negro, cero visibilidad, no había luna y las estrellas estaban cubiertas por las nubes. Subiendo por un acantilado, a solo 100 metros de la cima, se resbaló y se desplomó por los aires... caía a una velocidad vertiginosa, solo podía ver veloces manchas cada vez más oscuras que pasaban en la misma oscuridad y la terrible sensación de ser succionado por la gravedad.

Seguía cayendo... y en esos angustiantes momentos, pasaron por su mente todos sus gratos y no tan gratos momentos de su vida, pensaba que iba a morir, sin embargo, de repente sintió un tirón tan fuerte que casi lo parte en dos...

¡Sí!, como todo alpinista experimentado, había clavado estacas de seguridad con candados a una larguísima soga que lo amarraba de la cintura.

En esos momentos de quietud, suspendido por los aires, no le quedó más que gritar: –"Ayúdame Dios mío..." De repente una voz grave y profunda de los cielos le contestó:

– ¿Qué quieres que haga hijo mío?
– Sálvame Dios mío.
– ¿Realmente crees que te pueda salvar?
– Por supuesto Señor.
– Entonces, corta la cuerda que te sostiene.

– ¿REALMENTE CREES QUE TE PUEDA SALVAR?
– POR SUPUESTO SEÑOR.
– ENTONCES, CORTA LA CUERDA QUE TE SOSTIENE.

Hubo un momento de silencio y quietud. El hombre se aferró más a la cuerda.

Cuenta el equipo de rescate que al día siguiente encontraron colgado a un alpinista congelado, muerto, agarrado con fuerza a una cuerda... ¡A tan sólo dos metros del suelo!

Desconozco su autor y su veracidad, pero nos sirve para ilustrar este capítulo. Esta historia nos resulta bastante familiar. Creo que refleja momentos de nuestra vida, donde nos aferramos a cosas equivocadas.

Por lo mismo Dios nos dice: "o se sueltan o van a morir aferrados a esa cuerda". Pareciera radical, pareciera... bueno, porque es radical. De hecho es el momento de tomar decisiones, decisiones de vida.

Jesucristo era una persona alegre, trabajadora, simpática, pero también radical. El dijo "El que no está de mi parte, está contra mí; y el que conmigo no recoge, esparce"[45] y ya cuando se estaba despidiendo de sus discípulos les dijo "separados de mí nada podéis hacer".[46] En otras palabras, con Dios de parte nuestra todo va a estar bien, sin Él estamos perdidos.

En este momento Jesús viene a nuestra vida y nos lo dice CLARAMENTE elige entre eso que te separa de mí (se llame como se llame) y nuestra relación. Si queremos seguir aferrados a eso está bien, pero tarde o temprano nos causará muchos problemas y pesar. Pero no podemos estar con la luz y la oscuridad al mismo tiempo.

No se trata de un error, de un pecado con el que estamos batallando, se trata de algo grave, de lo que ofende a Dios: hechicería, espiritismo, idolatría...

¿Significa que vamos a morir? Espiritualmente sí, porque nuestra vida se separa de la de Dios, lo dejamos de lado y por lo mismo, vamos a dejar de tener una vida de calidad, de amor, de esperanza, de paz, no va a ser la vida que nos ofrece Jesucristo, porque el pecado nos separa de Dios, corta nuestra relación con él y aunque en apariencia las cosas estén bien, en algún momento... enfrentaremos las consecuencias.

Dios dice en Deuteronomio 30,19 una frase hermosa: "Hoy pongo al cielo y a la tierra por testigos contra ti, de que te he dado a elegir entre la vida y la muerte, entre la bendición y la maldición. Elige, pues, la vida, para que vivan tú y tus descendientes."

La decisión es nuestra. Es el momento para que hagamos un alto y pensemos bien las cosas, consideremos si lo que hacemos vale la pena para que nos aparte de Dios y de la vida abundante que nos prometió Jesucristo.[47]

Talvez la cuerda para otros de nosotros no sea la misma, talvez no tengamos ningún pecado oculto, ni ninguna práctica de las que mencionamos que ofenden a Dios, probablemente la cuerda significa nuestra autosuficiencia, el deseo de hacer las cosas como nosotros queremos.

Si ese es el caso, Dios simplemente nos dice:

"Dame el control de tu vida, no te aferres a la cuerda de tu autosuficiencia, aférrate a mí. Si cierras tus ojos corporales y abres los de tu corazón, verás mi mano que desea guiarte más que a nada en el mundo. Aférrate a mi palabra, escucha mi voz, obedece mi voluntad. Mi voluntad te guiará por un camino mejor, yo sé lo que te conviene. Escucha mi voz con tu corazón y decídete a seguir mis órdenes, a caminar los pasos que he trazado para ti. No vas a lograr tus metas, vas a lograr mucho más. No soy un Dios pobre, pero sí el Dios de los pobres, de los que aman, de los que esperan. Tú eres especial para mí y te daré lo que tu corazón tanto anhela, a su tiempo, cuando puedas tenerlo. Yo creé los oídos y por lo tanto escucho tu clamor, pero tú a veces, no escuchas mi respuesta. Quédate quieto y hablaré a tu corazón, quiero llenar tu vida, quiero estar contigo a cada instante, pero necesito que tú también lo quieras" (mensaje de Dios dictado a mi corazón para todos).

Entonces ¿qué debemos hacer? ceder el control de nuestras vidas a quien sí sabe como llevarla.

Resumo estas ideas, mientras sigamos "aferrados a una cuerda" y no le entreguemos por completo el control de nuestra vida, "el timón de nuestro barco", el Señor no va a llenarnos. Él espera que demos ese paso de fe, de soltarnos para confiar plenamente en Él.

Dios es un Dios bueno, un Padre como nunca podremos llegar a comprender, es amoroso, dulce, perdonador, es quien siempre nos va a dar una nueva oportunidad. Muchas veces nos disciplina, nos prueba para ver si estamos listos para nuestro futuro, para ver si hemos aprendido la lección. Pero en su disciplina y en su prueba, siempre hay amor.

Sí, Dios desea bendecirnos. En la Biblia hay muchas promesas que podemos pedir, pero tenemos que tomar la decisión de seguirlo y de entregarle la dirección de nuestra vida, de usar su *"GPS"*.

Dios no cambia, es el mismo de ayer, de hoy y lo será en el futuro, el mismo Dios que le dijo a Josué "Ya te lo he ordenado: ¡Sé fuerte y valiente! ¡No tengas miedo ni te desanimes! Porque el Señor tu Dios te acompañará dondequiera que vayas"[48], y que dijo a Isaías "Así que no temas, porque yo estoy contigo; no te angusties, porque yo soy tu Dios. Te fortaleceré y te ayudaré; te sostendré con mi diestra victoriosa".[49] También nos lo dice a nosotros. ¿Qué esperamos para seguirlo, para obedecerlo?, para cederle la dirección de nuestras vidas.

Tengamos en cuenta estos versículos: "Dame, hijo mío, tu corazón, y que tus ojos se deleiten en mis caminos",[50] "Pon en manos del Señor todas tus obras, y tus proyectos se cumplirán",[51] "Deléitate en el Señor, y Él te concederá los deseos de tu corazón",[52] "El que confía en el Señor no será jamás defraudado",[53] "Que el Señor te conceda lo que tu corazón desea; que haga que se cumplan todos tus planes".[54]

> DAME EL CONTROL DE TU VIDA, NO TE AFERRES A LA CUERDA DE TU AUTOSUFICIENCIA, AFÉRRATE A MÍ. SI CIERRAS TUS OJOS CORPORALES Y ABRES LOS DE TU CORAZÓN, VERÁS MI MANO QUE DESEA GUIARTE MÁS QUE A NADA EN EL MUNDO.

En esas citas y en cientos más podemos descubrir que Dios quiere lo mejor para nosotros. Él no nos creó para que sufriéramos todo el tiempo, para que lleváramos una vida de miseria, ni somos reencarnación de nadie, ni estamos pagando una maldición ancestral... Aunque nos cueste reconocerlo, pagamos por nuestros errores y por decisiones equivocadas, talvez por decisiones equivocadas de nuestros familiares, pero nada más. ¿Podemos romper las cadenas? Sí, por supuesto, renunciando a los errores del pasado, pidiendo perdón a Dios por los pecados cometidos y clamándole a Él por misericordia en nuestras vidas.

Si cedemos el control, si dejamos la o las cuerdas, Dios va a obrar para bien, si decidimos continuar al mando, Él gentilmente se aparta hasta el momento en que lo llamemos, hasta que creamos necesitarlo. Este proceso de aprendizaje y de soltar el timón de la vida puede ser largo y doloroso o fácil y de gozo, depende de cada uno. Él simplemente espera nuestra decisión.

¡CEDAMOS EL CONTROL!

[45] Mateo 12,30 [46] Juan 15,5
[47] Juan 10,10 [48] Josué 1,9
[49] Isaías 41,10 [50] Proverbios 23,26
[51] Proverbios 16,3 [52] Salmos 37,4
[53] Romanos 10,11 [54] Salmos 20,4

CAPÍTULO XIV
HABLEMOS CON DIOS SIEMPRE

En el capítulo XII, mencionamos que una forma de entrenar en nuestro caminar con Dios es la oración, quiero que conversemos un poco sobre este tema.

La oración

Mientras aprendemos a hablar con Dios, es importante que sigamos algunos pasos que nos pueden ayudar a que esa oración sea efectiva. Por supuesto, estos consejos son para iniciar, después cuando tengamos una relación de amistad con Él, cada quien tendrá su propia forma de hacerlo.

En primer lugar, como lo hemos visto tratemos de orar a una misma hora a diario, establezcamos ese compromiso sólido con Dios, que sea nuestra primer cita, la más importante... Dice la Biblia que Daniel tenía por costumbre orar tres veces al día (Daniel 6,10).

También recordemos lo que hemos mencionado, acostumbrémonos a ordenar nuestras ideas... Cuando vamos a hablar con alguien a quien respetamos o tememos, o alguien con que nos ha costado mucho conseguir esa cita, organizamos nuestras ideas, vamos con un plan. Dios escucha intentos, pero se alegra mucho que la oración para nosotros sea un tiempo especial y que lo preparemos.

En el Capítulo XII hablamos un poco sobre esto. Aquí sólo deseo enfatizar algunos aspectos para que nuestra oración toque realmente el corazón de Dios y nuestra fe, pueda mover su mano. Insisto más adelante cuando tengamos una relación de mucho tiempo con Dios, puede que nos de otras instrucciones para orar.

Alabanza

Quiero insistir en esto pues es importante alabarlo, bendecirlo, agradecerle por todo lo que ha hecho, por lo que hace, por lo que nos ha dado, por lo que nos da y por lo que nos dará.

DEBEMOS ALABAR A DIOS NO SÓLO PARA DECIRLE LO QUE ES Y LO QUE SIGNIFICA PARA NUESTRAS VIDAS, SINO TAMBIÉN LIMPIAR EL AMBIENTE, CUANDO SE ALABA TENEMOS COMUNIÓN CON DIOS.

Comencemos alabándolo... Alabar no sólo para decirle lo que es y lo que significa para nuestras vidas, sino también limpiar el ambiente, ya que cuando se alaba tenemos comunión con la presencia de Dios, todo lo que no es de Él, se va.

Confesión de faltas

Luego, reconozcamos ante él nuestras faltas, recordemos lo que dice la Palabra de Dios en 1a. Juan 1,9 "Si confesamos nuestros pecados, Dios, que es fiel y justo, nos los perdonará y nos limpiará de toda maldad".

Así, pidámosle perdón, arrepintiéndonos genuinamente de nuestras faltas y con la certeza que Él nos perdona, cubrámonos con la sangre de Cristo, que es la que nos limpia y nos da acceso al Trono de su Gracia.[55]

Acercarnos confiadamente

Cuando estemos así, ante su presencia, limpias por el sacrificio de Jesucristo, podremos derramar nuestro corazón suplicándole que nos escuche y que nos conceda su gracia en las peticiones que le hacemos o simplemente podemos llegar a hablar con Él.

Sé que tenemos tanta necesidad en nuestras vidas, que muchas veces vamos con una lista grande, pidiendo muchas cosas. Uno de mis más grandes anhelos es llegar a un momento que no necesite pedir nada y pueda llegar a su Presencia a hablar con Él, a disfrutar un momento a solas con mi Dios.

Hay una alabanza que dice precisamente eso: "No he venido a pedirte, como suelo Señor, si antes que yo te pida, conoces mi petición. Tan solo he venido a estar contigo, a ser tu amigo, a compartir con mi Dios, a adorarte y darte gracias, por siempre gracias, por lo que has hecho Señor conmigo..." Ojalá que éste sea un anhelo de todo corazón.

No olvidemos agradecer

Finalizamos, con una acción de gracias, como dice Filipenses 4,6 "No se inquieten por nada; más bien, en toda ocasión, con oración y ruego, presenten sus peticiones a Dios y denle gracias". Demos gracias a Dios por su respuesta a nuestra oración, a Dios le gusta un corazón agradecido y es una muestra de fe y confianza en que vamos a recibir los favores que solicitamos. En uno de mis pasajes favoritos Jesús resalta el valor del agradecimiento, podemos leerlo en el Evangelio de Lucas 17,11-19:

Jesús sana a diez leprosos

Un día, siguiendo su viaje a Jerusalén, Jesús pasaba por Samaria y Galilea. Cuando estaba por entrar en un pueblo, salieron a su encuentro diez hombres enfermos de lepra. Como se habían quedado a cierta distancia, gritaron:

—¡Jesús, Maestro, ten compasión de nosotros!

Al verlos, les dijo:

—Vayan a presentarse a los sacerdotes.

Resultó que, mientras iban de camino, quedaron limpios.

Uno de ellos, al verse ya sano, regresó alabando a Dios a grandes voces. Cayó rostro en tierra a los pies de Jesús y le dio las gracias, no obstante que era samaritano.

—¿Acaso no quedaron limpios los diez? —preguntó Jesús—. ¿Dónde están los otros nueve? ¿No hubo ninguno que regresara a dar gloria a Dios, excepto este extranjero? Levántate y vete —le dijo al hombre—; tu fe te ha sanado.

Seamos siempre como ese, no olvidemos regresar para darle las gracias a Dios.

Respuestas a la oración

También recordemos lo importante que es cada vez que oremos el tiempo de silencio. El espacio de respeto para que Dios pueda contestarnos y decirnos lo que quiera. Es importante que sepamos que Dios responde todas nuestras oraciones. A veces nos dice que sí, a veces talvez sea un no para nuestro bien, a veces puede ser un espera... No hay nada más terrible que recibir un "espera" como respuesta, pero Dios sabe lo que necesitamos, debemos ser pacientes y agradecidos, eso implica confianza y se llama fe. Ese "espera" puede significar "espera que tengo pensado algo mejor" o "espera lo vamos a hacer a mi manera".

Dios es un Padre bueno, un padre amoroso y cariñoso. Dice Jesús que conoce nuestras necesidades antes que nosotros se las presentemos y que

tiene cuidado de todos, que no nos preocupemos por lo que hemos de comer o de vestir, porque Él sabe de lo que tenemos necesidad.[56] También
dice que dará buenas cosas a quienes se las pidan[57] y agrega, que todo lo
que pidiéramos en su nombre, lo concederá.[58]

Hay una historia ilustrativa sobre esto, que habla de un pueblo donde no había llovido. Todo el pueblo se presentó en la Iglesia y le pregunta-ron al Padre ¿qué podían hacer? El les dijo que si se congregaban todos los días en la Iglesia y oraban con fe, que Dios haría el milagro, que en-viaría la lluvia, pero el requisito era pedir con fe.

Pasados dos meses sin señales de agua, enojados todos los miembros del pueblo lo confrontaron, le di-jeron que habían hecho lo que les había mandado pero que no habían tenido resultado... El sacerdote les contestó con una pregunta ¿oraron con fe? Ellos dijeron que sí al uníso-no. Entonces simplemente les dijo y si oraron con fe, porque nunca nin-guno trajo un paraguas.

> CAMINAR EN FE ES "LLEVAR NUESTRO PARAGUAS", ESTAR SEGUROS QUE NOS VA A RESPONDER, QUE SI PEDIMOS CONFORME A SU VOLUNTAD, DIOS NOS VA A ESCUCHAR Y NOS VA A CONCEDER LO QUE LE PIDAMOS.

Interesante ¿no?, caminar en fe es "llevar nuestro paraguas", estar seguros que Dios nos va a responder, que si pedimos conforme a su voluntad, Él nos va a escuchar y nos va a conceder lo que le pidamos.

Recordemos que fe no es saber que Él puede hacerlo, fe es saber que Él lo hará.

La importancia del Perdón

Creo que estamos pensando... ¡otra vez con esto!... disculpa que insista tanto en el tema del perdón, pero es que la principal barrera para que nuestra oración llegue al Padre es precisamente, la falta de perdón, es tan importante que Jesús mismo se encargó de aclararlo... Porque si vosotros no perdonáis... tampoco vuestro Padre los perdonará.[59] Si Dios no nos perdona por nuestras faltas no podemos llegar ante su Presencia, por eso es tan importante que lo hagamos. Grabémonos esto: perdonar es una decisión.

En este momento vamos a sentir que estos pasos son difíciles y largos, pero una vez nos acostumbremos veremos lo fácil que es comunicarnos con Dios y va a llegar un momento en el que nunca pararemos de orar, es decir, a cada instante estaremos conversando con Dios.

Esto es muy importante: nuestra oración, clamor o petición nunca van a cansar a Dios. Él nos ama y siempre va a estar atento a nuestra oración. Leí una expresión muy bonita de Max Lucado que decía: "Ora siempre, cuando sea necesario usa palabras".

Espero que nuestra vida, pensamientos y acciones sean una oración constante para nuestro Dios.

¡HABLEMOS CON DIOS SIEMPRE!

---

[55] Hebreos 4,16   [56] Mateo 6,25-32
[57] Mateo 7,11   [58] Juan 14,13
[59] Mateo 6,14

CAPÍTULO XV

APRENDAMOS A ESCUCHAR

Es importante que hablemos del silencio. Dios puede hablar con voz audible, pero a veces escoge un método más sutil, nos habla directamente al corazón. Muchas veces lo hemos sentido, es esa voz que nos dice que no vayamos a un sitio, es esa voz que nos dice que le regalemos algo a una persona, la voz que nos anima a ir a la Iglesia, la que nos da un buen consejo o una buena respuesta... Con certeza es la voz de Dios.

Como dijimos en el capítulo anterior, para escuchar, es imprescindible que callemos, que nos quedemos quietos y que le demos la oportunidad de contestarnos, de aconsejarnos o simplemente de contarnos algo, pues Dios quiere hablarnos.

A partir del día de hoy, por favor detengámonos un momento todos los días, inclinemos nuestro rostro y tratemos de escuchar. Dios quiere decirnos tanto, pero no va a competir con nuestras ocupaciones, ni preocupaciones, pensamientos o ideas.

Él, como un caballero, va a esperar el momento justo en que decidamos mirar hacia arriba y darle la oportunidad de que pueda decirnos lo que quizás, no ha podido hasta este momento.

Dios sabe lo que necesitamos mucho antes que las palabras salgan de nuestros labios[60], podemos pedirle y abrirle nuestro corazón, claro, a Él le gusta eso, pero hay un momento, ese momento en que sentimos que quiere decirnos algo, en ese instante debemos callar.

En nuestra oración debe haber un momento en que podamos escuchar, como escucharíamos a algún amigo. Desechemos los pensamientos, pongamos en paz los deseos, solo entreguemos ese tiempo maravilloso al que hizo el tiempo y a las personas. A Aquel que nos da el aire, la lluvia o el sol cada mañana, para que disfrutemos de vida. Los científicos no se explican por qué han fallado las predicciones sobre el calentamiento global, para ellos muchas cosas deberían haber colapsado ya, yo quiero creer que Dios sigue teniendo misericordia de nosotros y que nos sigue mostrando su amor y entregándonos nuevas oportunidades.

> DIOS TAMBIÉN ESTÁ EN NUESTRO DOLOR Y EN NUESTRAS PREOCUPACIONES. ÉL NO NOS DEJA, PERO A VECES NOSOTROS SÍ LO DEJAMOS, PORQUE NO APRENDIMOS A ESCUCHARLO Y A DEPENDER DE ÉL.

Como hemos comentado, Dios nos envía sus mensajes a diario, nos sigue brindando su amor. Dios está en cada detalle, en cada gesto de las personas, en cada momento especial de nuestra vida.

Dios también está en nuestro dolor y en nuestras preocupaciones. Él no nos deja, pero a veces nosotros sí lo dejamos. Creemos que nuestras fuerzas son mejores o talvez no hemos aprendido a escucharlo, a depender de Él.

Hay una historia en la Biblia que siempre me ha impresionado, cuando Josafat, rey de Judá, se entera que tres ejércitos vienen contra su pueblo, en lugar de ver primero su estrategia militar, lo que hace es decretar un ayuno general y pedirle a todo su pueblo que busque a Dios. La respuesta de nuestro Padre fue impresionante: "Y dijo Jahaziel: Escuchen, habitantes de Judá y de Jerusalén, y escuche también Su Majestad. Así dice el Señor:

'No tengan miedo ni se acobarden cuando vean ese gran ejército, porque la batalla no es de ustedes sino mía. Mañana, cuando ellos suban por la cuesta de Sis, ustedes saldrán contra ellos y los encontrarán junto al arroyo, frente al desierto de Jeruel. Pero ustedes no tendrán que intervenir en esta batalla. Simplemente, quédense quietos en sus puestos, para que vean la salvación que el Señor les dará. ¡Habitantes de Judá y de Jerusalén, no tengan miedo ni se acobarden! Salgan mañana contra ellos, porque yo, el Señor, estaré con ustedes'".[61]

Cuenta la Biblia que hicieron tal como se los dijo el Señor, salieron a la batalla y colocaron a los músicos, a los que daban alabanza a Dios, al frente del ejército. Por favor consideremos esto por un momento, pasándolo al momento actual que viven muchos países, sería como si un grupo de pandilleros le van a venir a cobrar una "renta", no tenemos el dinero, consultamos a Dios qué hacer, si nos deberíamos esconder, si nos vamos del país... y Él nos dijo: pon alabanzas y no temas, yo voy a actuar.

Vienen los pandilleros y estamos ahí solos con la grabadora. ¿Simplemente colocaríamos las alabanzas y nos quedaríamos quietos y confiados que el Señor nos va a librar? Josafat lo hizo, Él había recibido las instrucciones de Dios y tuvo fe.

Otro ejemplo sería que nos avisen que los dos países vecinos nos van a invadir. El presidente en lugar de mandar al ejército comandado por los generales, envía a las bandas adelante. ¿Podemos visualizarlo? Definitivamente se requiere de una fe enorme, de conocer a Dios, de confiar en Él, de depender de Él para seguir instrucciones como esa.

Josafat confió y entonces Dios hizo que los tres ejércitos que venían en su contra se confundieran y se mataran entre ellos. Tal como se los dijo no tuvieron que intervenir en esa batalla. Así, a veces, Dios nos pide nuestras batallas, talvez ha visto nuestras fuerzas disminuidas y nos dice que Él las va a pelear por nosotros, ése es el momento en que debemos escucharle claramente y apartarnos confiados para que Él actúe a nuestro favor.

Si Dios es tan grande y maravilloso ¿Crees que no podrá resolver nuestro problema?, ¿crees que no nos ama lo suficiente? A veces, como a Josué, nos mandará a esforzarnos y a tomar acción y mientras caminemos en fe, Él nos va a sostener, a veces nos manda a esperar y a quedarnos quietos, por eso es tan importante saber escuchar para poder obedecer sus instrucciones adecuadamente. No sé qué va a responder Dios a una petición, necesidad o simplemente a una conversación, pero sí sé, que si tomamos tiempo y tratamos de hacer silencio en nuestra mente, en nuestro corazón, vamos a escucharlo y por lo tanto, vamos a conocer su voluntad.

Para escuchar a Dios el silencio es muy importante, pero no es el único elemento. También debemos tener fe, sin fe no podremos oírlo. Tenemos que estar seguros que nos quiere hablar, es más, que nos está hablando y debemos hacer lo que nos indique. Dice la Biblia que sin fe es imposible agradar a Dios.[62]

Entonces tenemos dos elementos importantes, silencio y fe, pero hay otro elemento a tomar en cuenta: la obediencia. Josafat obedeció a Dios. Pongámonos en los zapatos de este hombre, tres ejércitos armados venían contra su pueblo y no cuestionó las órdenes de Dios, no dijo: ejército colóquese al frente por "cualquier cosa", él obedeció y por eso, obtuvo la victoria.

Para escuchar a Dios no tenemos que ser santos, a Dios le agrada una vida de santidad y sé que nos estamos esforzando por llegar a eso, por supuesto, pero aunque seamos personas normales que a veces cometemos errores, que a veces pecamos, que no somos perfectos que batallamos día a día, aún así, podemos escuchar la voz de Dios y podemos conocer su voluntad, si tomamos el tiempo para ello, si tenemos fe y si somos capaces de obedecerle.

Si tenemos estos tres elementos, el amor, la misericordia y el poder de Dios se manifestarán en nuestras vidas y nos darán la victoria ante cualquier situación adversa, porque seremos capaces de escuchar y llevar a cabo sus instrucciones.

Caminar en fe no es fácil, de hecho es lo más difícil que existe, por eso es tan importante, por eso agrada tanto a Dios, en capítulos anteriores hablamos sobre la fe, pero quiero recordar lo que Jesús nos dijo: que si tuviéramos fe como un granito de mostaza, pudiéramos decirle a un monte que se tirara al mar y el monte lo haría.[63]

Dicen que el grano de mostaza puede medir entre 1 y 1.5 mm es decir, es realmente ínfimo. Dice Jesús que si tuviéramos una fe así de pequeña podríamos lograr tantas cosas, amiga ¿cómo será entonces nuestra fe para que nuestros problemas no sean resueltos, para que nuestras oraciones no sean contestadas?

Dice la 1a. Carta de Juan 5,14-15: "Ésta es la confianza que tenemos al acercarnos a Dios: que si pedimos conforme a su voluntad, Él nos oye. Y si sabemos que Dios oye todas nuestras oraciones, podemos estar seguros de que ya tenemos lo que le hemos pedido".

Para escuchar a Dios el silencio es muy importante, pero no es el único elemento. También debemos tener fe, sin fe no podremos oírlo y a esto debemos sumar la obediencia, en cualquier cosa que nos pida realizar.

¿Habíamos leído en forma consciente esta increíble promesa de Dios? Probablemente no, de ahora en adelante hagámosla una realidad en nuestra vida. Pidamos conforme a su voluntad y estemos seguros que nos va a dar lo que le pidamos.

Vale la pena reflexionar sobre esto, vayamos al lugar donde oramos y pidamos perdón a Dios por nuestra falta de fe y clamemos por una fe grande, sólida, basada en convicciones, no en sentimientos.

Acordémonos que No es si lo "siento" cerca, Él está cerca; no es si "creo" que me va a responder, Él va a responder. ¿Comprendemos esto?

Digámosle a Dios que queremos escucharlo, que necesitamos escucharlo, que deseamos que su voz nos guíe. Pidámosle que aumente nuestra fe y que podamos obedecer siempre su palabra.

Clamemos a Él y veremos la amable y siempre oportuna respuesta de nuestro Señor.

¡APRENDAMOS A ESCUCHAR!

---

[60] Salmos 139,4
[61] 2a. Crónicas 20,15-17
[62] Hebreos 11,6
[63] Mateo 17,20

CAPÍTULO XVI
SIGAMOS SUS PASOS

Esta tarde llegó oportunamente un mensaje a mi computadora, Dios siempre escoge el momento preciso para hablarnos y este mensaje es de gran significado para nuestras vidas, titulado "La Roca" hablaba de una petición de Dios para un hombre que vivía en una cueva, la orden de Dios era que empujara una roca inmensa que había a la entrada de su cueva. Desde el amanecer hasta que el sol se ocultaba el hombre presionaba sin lograr mover ni un centímetro aquella piedra. Con el pasar del tiempo vinieron pensamientos negativos a su mente y el enemigo le hizo sentir que su trabajo no valía la pena, tanto esfuerzo perdido en algo inamovible y le aconsejó que dejara de esforzarse. El hombre iba a hacerle caso pero decide consultarle antes a Dios, abriéndole su corazón con lo que sentía. Dios le dijo: - Sé que te sientes fracasado, pero no tienes ninguna razón para ello. Te ordené que empujaras esa roca y eso es lo que has hecho, nunca esperé que la movieras, sólo que fueras obediente, pues al empujarla todos los días tu cuerpo se ha fortalecido. Ahora yo voy a mover la roca. (Desconozco su autor).

Inmediatamente pensé en cuántas cosas realiza uno para Dios y cree que no tienen significado, que no han ayudado a nadie o simplemente cuánto trabajo hace uno en la vida, pensando que es un desperdicio o que por no haber alcanzado los sueños o las metas que nos habíamos trazado nos consideramos fracasados. Este mensaje habló tanto a mi corazón y probablemente la persona que lo creó ni siquiera se va a enterar. De igual forma, talvez este libro sea de utilidad para muchas personas, pero va a ser muy difícil que yo me entere. Sin embargo, he invertido mucho tiempo y oración para hacerlo y ahora estoy convencida que Dios quiere ese esfuerzo y ha bendecido las horas de trabajo que he tomado para escribirlo y revisarlo, así como las actividades y obras que he hecho en el pasado para Él y todo lo que haré de ahora en adelante. Tomemos esta lección, como dice Teilhard de Chardin "Poco importa que te consideres un fracasado, si Dios te considera plenamente realizado, a su gusto".

> SI LE ENTREGAMOS NUESTRA VIDA A JESUCRISTO Y SI SOMOS OBEDIENTES A LO QUE ÉL NOS PIDE QUE HAGAMOS, NUESTRAS VIDAS TENDRÁN SENTIDO, NUESTRA LABOR SERÁ PRODUCTIVA.

Por ello puedo afirmar que si le entregamos nuestra vida a Jesucristo y si somos obedientes a lo que Él nos pide que hagamos, nuestras vidas tendrán sentido, nuestra labor será productiva.

Sigamos trabajando, continuemos realizando la labor que Dios nos ha pedido que elaboremos, seamos obedientes, teniendo en mente lo que nos dice Pablo en 1a. Corintios 15,58 "Por lo tanto, mis queridos hermanos, manténganse firmes e inconmovibles, progresando siempre en la obra del Señor, conscientes de que su trabajo en el Señor no es en vano".

Nunca va a ser en vano. Por favor decidamos continuar nuestro trabajo y obedecer a Dios, aunque lo que Él nos pida, en apariencia, a veces, no tenga sentido.

No importa si sentimos que no progresamos, si sentimos que no ayudamos a los demás, que no logramos cambiar nada. Sigamos trabajando, sigamos obedeciendo a Dios; a su tiempo, es decir a Su tiempo (al tiempo de Dios) vamos a cosechar, si no desmayamos. Como lo dice la escritura: "No nos cansemos de hacer el bien, porque a su debido tiempo cosecharemos si no nos damos por vencidos".[64] Madre Teresa de Calcuta alguna vez, quizás cuando sintió que todo su esfuerzo era poco para la necesidad enorme que hay en este mundo expresó: "A veces sentimos que lo que hacemos es tan solo una gota en el mar...", pero reconociendo la importancia de lo que Dios le pidió hacer, agregó: "pero el mar sería menos si le faltara esa gota."

Si resumimos lo anterior entenderemos que nuestros esfuerzos van a tener frutos, talvez algunos los vamos a conocer, otros no, pero tengamos esta convicción: lo que Dios nos pide que hagamos va a ser para nuestro bien y el de otros.

Llevar la Cruz

Obedecer a Dios es algo relativamente fácil, pero cuando hablamos de seguir sus pasos hay un tema en apariencia difícil y que pareciera que todos queremos evitar, porque no nos gusta, es una porción de la Biblia donde Jesús dice a sus discípulos: "–Si alguien quiere ser mi discípulo, tiene que negarse a sí mismo, tomar su cruz y seguirme".[65]

Creo que no íbamos tan mal al hablar de obedecer o de seguir, pero ya al pensar en "tomar su cruz", como que damos un paso para atrás y esperamos que hayan otros voluntarios.

Siempre me he preguntado el significado de la cruz y para comprenderlo se me ocurrió pensar ¿qué significó la cruz para Jesucristo?, podemos decir que fue el acto de amor y entrega más hermoso que se haya hecho, llevó dolor, humillación, injusticia, pero para Él fue soportable porque daba la vida por sus amigos y por el mundo entero. Daba la vida por amor a nosotros.

Entonces la cruz no debe tener una connotación tan terrible, sí va a implicar sacrificio, pero un sacrificio que se hace voluntariamente como una entrega, como un acto de amor.

Cuando pensemos en tomar nuestra cruz, antes que en dolor y renuncia, pensemos en el acto de amor y de entrega que podemos hacer. Eso es lo que Dios nos pide, que por amor nos entreguemos, que por amor hagamos algo que nos envía a hacer, que por amor dejemos algo...

Viene a mi mente en este momento un comentario que me hicieron sobre un gran hombre, un Padre Jesuita, cuya tesis doctoral incluso fue consultada por la NASA, una mente brillante que pudo tener mucho éxito en la rama de ingeniería y que le pudo haber representado grandes ingresos económicos y fama, pero que sacrificó su realización profesional por el acto supremo de amor de entregarse a los necesitados, de apoyar a quienes no tenían consuelo, de estar con los olvidados, en fin, de ser una extensión de los brazos de Dios en la Tierra, me refiero al Padre Jon Cortina, quien nos permite ver claramente esta idea.

Esos conocimientos de ingeniería los puso en práctica ayudándoles a gente sumamente pobre a construir de mejor forma sus viviendas, a edificar puentes para acceder a esa comunidad, etc. Siempre admiré esa disposición y entrega.

En mi caso, mi cruz, mi acto de entrega y amor es diferente del de otros, porque Dios nos va a pedir algo diferente a cada uno. Pero debemos estar seguros que seguir y obedecer a Dios va a realizarnos mucho más allá de lo que hubiéramos podido soñar llevando a cabo nuestros propios planes.

Dios conoce nuestro corazón y nuestra mente, nuestros sueños, pero talvez Él tiene sueños más grandes para nosotros, a veces coincidirán con los nuestros, a veces no. Pensemos que Dios estuvo en nuestro pasado, está en nuestro presente y conoce nuestro futuro. Dios nos ama y sueña con lo que puede realizar a través de nosotros, pero es tan amable, tan paciente y tan caballero, que nos da la posibilidad de decidir si queremos hacerlo y a qué ritmo, o si queremos continuar con nuestros planes.

Podemos decirle Padre: quiero que tú tomes el control total de mi vida y realizar tus sueños para mí o simplemente tomar nuestro camino a nuestro ritmo. En ambas opciones Dios va a estar con nosotros, pero con una de ellas vamos a llegar a nuestras metas en forma más segura y fácil. La decisión siempre va a ser nuestra. Si nos equivocamos, Dios nos va a perdonar, si caemos, Él nos levantará, si nos salimos del camino, esperará nuestro regreso y si lo necesitamos y le pedimos auxilio, nos rescatará y traerá de regreso "a casa".

CUANDO PENSEMOS EN TOMAR NUESTRA CRUZ, ANTES QUE EN DOLOR Y RENUNCIA, PENSEMOS EN EL ACTO DE AMOR Y DE ENTREGA QUE PODEMOS HACER.

¿Qué Padre dejaría a su hijo abandonada a su suerte?, la Biblia dice: "Aunque mi padre y mi madre me abandonen, el Señor me recibirá en sus brazos".[66]

Nuestro Padre Celestial quiere que hagamos su voluntad y que lo sigamos, no porque nos necesite, sino porque nos ama y sabe que lo que Él nos prepara es lo mejor que puede ocurrirnos y aunque cometamos errores no nos va a abandonar. Hay un pensamiento que dice que nuestras decisiones pueden alejarnos de la voluntad de Dios, pero nunca de su alcance.

Para resumir las ideas de este capítulo: seguir a Jesús, es estar dispuestos a obedecerle en lo que Él nos pida, sabiendo con certeza que su voluntad es lo mejor para nuestras vidas. Seguirlo también significa tomar nuestra cruz, es decir hacer un acto de sacrificio por amor y entrega a Dios.

Los sueños y los planes de Dios para nuestra vida

Descubrir los sueños y el plan de Dios para cada una de nuestras vidas es algo fundamental para saber hacia donde vamos, es la brújula que orienta nuestra vela.

SI LE ENTREGAMOS NUESTRA VIDA A JESUCRISTO Y SI SOMOS OBEDIENTES A LO QUE ÉL NOS PIDE QUE HAGAMOS, NUESTRAS VIDAS TENDRÁN SENTIDO, NUESTRA LABOR SERÁ PRODUCTIVA.

Por ejemplo, disculpa que personalice esto, pero voy a abrir mi corazón y contar mi experiencia: sé que uno de los sueños de Dios para mi vida es que predique, que enseñe y que ayude a los demás. Así, me pide que sea portadora de su amor y misericordia, que lleve consuelo a los afligidos y paz a los que sufren, por eso permitió tanto sufrimiento y dolor en mi vida, para que comprendiera a los que padecen, a los enfermos, a los que están tristes y sedientos de afecto. Sin embargo, algunas veces me enojo mucho y actúo en la forma contraria, en esas ocasiones, debo humillarme frente a quien haya ofendido para pedir su perdón.

A veces, Dios me pide que abrace a mujeres que no conozco y muchas veces me da pena hacerlo o que le diga algo a alguien que me señala y en varias ocasiones es penoso acercarme a una persona extraña para darle un mensaje. Pero Dios no quiere que tenga pena, quiere que sea portadora de su amor y que lo haga en forma libre y segura. Ese es mi acto de amor y entrega. Comenzando por casa, donde talvez no tengo la comprensión que desearía, donde es más difícil predicar, desde ahí hasta donde Él me envíe, en el momento que sea.

A veces incluso, significa dar amor, comprensión, consuelo y paz en momentos que a mí me faltan y debo confesar que no es fácil, pero cuando logro negar mi necesidad, sentimientos y me decido a obedecerle, es cuando tengo una realización plena y la certeza que a pesar de mis errores, problemas, deudas... mi vida tiene sentido (todo se arreglará con su guía y provisión a Su tiempo), pero Dios puede y quiere usarme, para mostrar que lo que hace a través de mí es por su gracia, por su poder y para Su Gloria. Entonces lo bendigo y le agradezco por su amor e inmensa misericordia, por fijarse en mí y por aceptar mi disposición a servirlo.

Cierro el paréntesis personal. Quiero que leamos bien esto, no quiero que Dios parezca un padre egoísta que quiere que hagamos solo que Él nos pide. Por favor no es esa la idea. Dios tiene un plan perfecto para nuestras vidas con muchos sueños, pero también le interesan los nuestros.

Solo recordemos que Dios nos mira con el lente especial donde resalta todo lo que somos capaces de lograr, pues nos conoce mejor que nosotros mismos, conoce nuestras cualidades, y los sueños que Él tiene son quizás mayores y de gran significado. En ellos está nuestra verdadera realización, aunque cueste transmitirlo, pero al obedecer a Dios, al confiar que Él solo quiere lo mejor, entonces nuestras vidas adquieren pleno sentido y nos damos cuenta para qué fuimos creados... pero Dios siempre nos va a otorgar la libertad para que elijamos.

Ilustremos lo anterior con un ejemplo, tengo una gran amiga, se llama Inés de Viaud y me ha dado permiso para compartir esta pequeña parte de su gran testimonio. Ella quería ser una cantante famosa, participó en un concurso internacional y vino con un contrato para grabar en España; sin embargo, decidió rechazarlo por cuidar de sus hijos y de su familia. Triste y enojada porque no sabía para qué Dios le había dado ese gran talento, esa voz privilegiada si no podría dedicarse profesionalmente a la música, llegó a una iglesia y estaba cuestionando a Dios, cuando se encontró con una amiga de ella quien la invitó a cantar a un hospital, ahí en ese hospital Dios le dio el don de la sanidad y cuando ella cantaba enfermos sanaban...

Desde ese momento hasta ahora ha recorrido casi todo el mundo llevando amor, sanidad interior y física para miles de personas. Le pregunté si cambiaría esa vida de misión y de entrega por una vida de fama en escenarios y me dijo un rotundo no.

Ella pudo seguir sus sueños y hubiera tenido éxito, pero con los sueños de Dios ha logrado mucho más. Les aseguro que Inés ha visitado más países que si fuera una cantante secular y en cada lugar donde ha ido deja una huella imborrable, mostrando el amor, el perdón de Dios y contribuyendo para que las personas puedan sanar sus heridas.

Con este ejemplo vemos como lo mejor es siempre obedecer a Dios, dejar que tome nuestras vidas y que pueda transformarlas para realizar sus sueños. Tengamos vidas realizadas, siguiendo sus pasos en obediencia, amor y entrega.

¡SIGAMOS SUS PASOS!

---

[64] Gálatas 6,9   [65] Mateo 16,24
[66] Salmos 27,10

CAPÍTULO XVII
DIOS ES NUESTRO SEÑOR

Todo el mundo ama a Jesús Salvador, pero pocos siguen y obedecen a Jesús Señor. Quiero explicar esto, saber que Jesús nos ama, que nos ha salvado con su sacrificio, con su bendición y que nos quiere ayudar en todas las áreas de nuestra vida es relativamente fácil de creer y aceptar, pero hablar de un Jesús que nos pide obediencia y que quiere señorear en nuestra vida, ya no es tan simpático, porque pensamos que va a ser un jefe como los que hemos conocido "imperfectos" y olvidamos que el liderazgo y el señorío de Jesús es en amor y misericordia, pero hablemos en detalle de ambos.

Jesús: Nuestro Salvador

Creo que ya hemos escrito sobre esto, de un hombre que se llamó Jesús de Nazareth, digo hombre, pues cuando vino a la Tierra, vino como un ser humano, dejando su divinidad. Vino a probar que podíamos seguir los caminos del Padre aun siendo humanos. El vivió como nosotros, tuvo hambre, sed, es decir, experimentó lo mismo que experimentamos los seres humanos.

Estuvo en la Tierra, creció y dedicó tres años de su vida a enseñarnos, a guiarnos... Se conmovía con las multitudes pues le parecían "ovejas sin pastor", por lo que se dedicó a pastorear a muchos, en especial escogió y formó a doce para que pudieran continuar su mensaje y que instituyeran su Iglesia. Más allá de su prédica, nos mostró su amor, su perdón y su misericordia.

Su más excelsa obra de amor fue poner su vida por nosotros[67]. Recuerda que comenté que una vez estaba sumergida en una alabanza y lo vi cargar su cruz, con dolor, con sus heridas, con su sangre y así pasaba junto a mí y le pregunté ¿por qué? y Él con una mirada tierna y maravillosa me dijo: – Porque no soportaba verte en mi lugar. No era un reproche era una ofrenda de amor increíble. Él recibió el castigo por toda la humanidad, creo que no hay ejemplo de amor más grande que ese.

NO SÓLO ES UN ACTO FABULOSO DE PERDÓN, SINO UNA ENSEÑANZA PARA QUE NO NOS ATREVAMOS A HABLAR Y SEÑALAR A LOS DEMÁS.

Examinemos un momento el perdón, creo que inmediatamente pensamos en aquella mujer que encontraron en el acto de adulterio. No sólo la lastimaron, la humillaron y querían matarla a pedradas. Se la llevaron al lugar donde Jesús estaba predicando, diciéndole que había sido sorprendida en adulterio y que la Ley de Moisés mandaba a apedrearla y terminan preguntándole ¿Tú que dices?

Miremos por un momento a Jesús, en alguna ocasión dijo que no vino a abolir la ley sino a cumplirla, pero tenía que enseñarnos cómo cumplir la ley, el primer mandamiento es el más importante, pero le seguía otro "amarás a tu prójimo como a ti mismo", amor y perdón van de la mano. Ahí está Jesús con un gran problema, si les dice "pueden proceder" su misión en la Tierra y su mensaje no habría trascendido, si les decía que la perdonaran no lo hubieran comprendido y lo hubieran acusado a Él. Así que escribe algo en la arena, la Biblia no dice qué escribió... Algunos se imaginan que podrían ser nombres de mujeres con los que hubieran adulterado los acusadores..., en fin, nadie sabe con certeza, pero lo cierto es que lleno de amor y de perdón, les dijo una frase que aún hoy resuena en nuestra mente: "Quien de ustedes esté libre de pecado, tire la primera piedra".[68]

No sólo es un acto fabuloso de perdón, sino una enseñanza para que no nos atrevamos a hablar y señalar a los demás. Todos se retiraron desde los mayores hasta los más jóvenes, pero el acto de perdón no termina ahí, Jesús ve a la muchacha, caída, humillada, triste y le dice: "– ¿dónde están los que te acusan?" Hasta en ese momento ella levanta su mirada y no ve a nadie: "– Señor se han ido. –Yo tampoco te condeno, vete y no peques más".[69]

Veamos ahora un poco de su misericordia, pues de estos temas podríamos escribir libros enteros, pero quiero resumir algunos ejemplos simples para comprender mejor esto. Recordamos al leproso que ya citamos, el que se le acerca y le dice: - Señor si quieres puedes limpiarme.[70] Jesús movido a misericordia lo sanó. Miremos a Jesucristo en un monte predicando ante miles de personas, se acerca la tarde y siente tanta compasión y misericordia que les da de comer antes de despedirlos, con el milagro de la multiplicación de los panes y los peces.[71]

Jesús puede llenar páginas de cientos de libros con su amor, perdón y misericordia. Pero hay otra faceta de Jesús que quiero presentar.

Jesús: Nuestro Señor

Cuando hablamos del señorío de Jesús, hablamos de su guía y de su dirección. Por lo tanto, le otorgamos libertad para que actúe en nuestras vidas. Esto no se escucha bien. Nos parece difícil de aceptar. Porque de alguna forma creemos que somos mejores al timón de nuestra vida y nos cuesta ceder el control, como lo vimos hace dos capítulos. Una vez escuché una prédica que me gustó mucho, quien dio el mensaje sugirió que nos "declaráramos esclavos" por una sencilla razón, el esclavo no tiene derechos y de esa manera, nuestro carácter se apaciguará y podremos recibir de mejor forma y con mayor agradecimiento la provisión, los regalos y la dirección de Dios.

Podemos hacer eso o podemos decirle simplemente que no hemos guiado nuestra vida adecuadamente y que queremos que nos brinde su dirección, que nos lleve por el camino mejor. Que decida Él y que confiaremos en sus decisiones. Que obedeceremos su voluntad y que no cuestionaremos sus métodos.

Esto se dice fácil, pero no lo es. Dios nos conoce, sabe lo que nos cuesta, pero debemos estar conscientes que si queremos que nuestra vida sea realmente productiva y que tengamos una realización verdadera, quien conoce el camino que debemos seguir es Él.

Lo mejor es lo que nos dice en Mateo 11,30 "Mi yugo es suave y mi carga es liviana". ¿Por qué nos dice esto? Porque su guía es por amor, porque no nos va a pedir más de lo que podamos dar, si permite una crisis en nuestra vida va a ser para que crezcamos y pasemos a otro nivel y va a ser algo que podamos soportar. Jesús nos ama.

Todo lo que sucede es para bien de los que ama. Aún cuando las cosas no tengan sentido aparente para nosotros tienen sentido para Jesús. Él no improvisa, tiene su plan desde antes que tú y yo existiéramos y tiene muchas cosas para tu vida y para la mía si le permitimos guiarnos, si nos sometemos a su dirección, si nos sujetamos a su dominio. Si no queremos hacerlo, nos otorga libertad para que probemos por nuestra cuenta.

Muchas veces nos vamos a equivocar y vamos a cometer muchos errores, pero la esperanza grande que tenemos, es que si reconocemos nuestras faltas, Él es fiel y justo para perdonarnos[72].

Además nos dejó una enseñanza sobre esto, recordemos la parábola del Hijo pródigo. Muchas veces como ese hijo, vamos a equivocarnos, a cometer pecados, a salirnos del camino de Dios, a alejarnos de su voluntad, pero nunca de su protección y amor.

Él nos va a dejar que tomemos nuestras decisiones, pero como el padre de la parábola, va a esperar día a día nuestro regreso.

Si estamos tan maltratados que ya no podamos ni caminar, Él nos rescatará como lo hizo aquel samaritano en la parábola, al hombre que habían asaltado por el camino.[73]

SI SABEMOS QUE SU DIRECCIÓN ES LO MEJOR PARA NUESTRAS VIDAS, ¿POR QUÉ NO TOMAR HOY LA DECISIÓN DE ENTREGÁRSELA? ASÍ TENDREMOS LA CERTEZA DE ESTAR EN EL CENTRO DE SU VOLUNTAD.

Si sabemos que su dirección es lo mejor para nuestras vidas, ¿por qué no tomar hoy la decisión de entregársela?

Si queremos hacerlo abramos el corazón y hagamos la siguiente oración:

Padre perdóname porque siempre he llevado mi vida a mi manera y no te he preguntado ¿qué quieres que haga? o ¿adónde quieres que vaya? Te entrego ahora el timón de mi vida para que tú la dirijas, para que tú me guíes, para que cumplas tus planes, en tu amor, en tu misericordia, quiero hacer tu voluntad y que me bendigas con tu paz.

Quiero que no sólo seas mi Salvador, quiero que también seas mi Señor. Amén.

Cuando Dios sea realmente tome la dirección de nuestras vidas, sea el socio de nuestros negocios, sea el dueño total de nuestros bienes, ya no deberemos preocuparnos por nada, pues estaremos completamente en el centro de su voluntad.

¡DIOS ES NUESTRO SEÑOR!

---

[67] Juan 15,13   [68] Juan 8,7
[69] Juan 8,11   [70] Mateo 8,1-3
[71] Juan 6,1-14   [72] 1a. Juan 1,9
[73] Lucas 10,25-37

REFLEXIÓN FINAL

CON DIOS PODEMOS
¡LOGRARLO TODO!

Esta parte final del Libro, es una pequeña reflexión sobre este pasaje de Filipenses 4:13: "Todo lo puedo en Cristo que me fortalece".

Esta frase se ha usado en infinidad de consignas, para artículos promocionales y de ventas, gritos de guerra, etc., pero cuando tomamos el contexto, desde el versículo 12, comprenderemos bien todo lo que implica esta importante afirmación: "Sé lo que es vivir en la pobreza, y lo que es vivir en la abundancia. He aprendido a vivir en todas y cada una de las circunstancias, tanto a quedar saciado como a pasar hambre, a tener de sobra como a sufrir escasez. Todo lo puedo en Cristo que me fortalece.

Pablo reitera entonces que si permanecemos en Jesucristo, si Él está con nosotros seremos capaces de enfrentar cualquier situación que se nos presente en la vida, con gozo, con contentamiento, con paz, sabiendo que la victoria está de nuestro lado.

Caminar con Jesús como lo vimos en este libro es una aventura extraordinaria en la que podremos hacer cosas que jamás nos hubiéramos imaginado, ir a sitios en los que nunca planeamos y lograr cosas que jamás hubiéramos soñado posibles.

Esa entrega, ese saber que todo lo que venga de la mano de Dios es bien recibido y ese estar dispuestos a hacer lo que nos pida, como nos lo enseñó la Virgen Santísima, es algo que agrada el corazón de nuestro Dios y es la invitación final de esta reflexión para vivir vidas plenas y agradables a Dios.

CON DIOS PODEMOS LOGRAR TODO

Cuando Jesucristo se estaba despidiendo de sus discípulos un poco antes de su pasión les dice esta afirmación llena de importancia y de gran profundidad, que encontramos en el Evangelio de San Juan 5,5 "Yo soy la vid y ustedes son las ramas. El que permanece en mí, como yo en él, dará mucho fruto; separados de mí no pueden ustedes hacer nada".

En ese pasaje Jesús nos aclara que podremos ser luz para otros, podremos dar frutos abundantes para beneficio de muchos, podremos lograr lo que nos propongamos, pero sólo si permanecemos en Él y sus palabras en nosotros. Es decir, si actuamos conforme a su voluntad. Solos no podemos hacer nada.

Esto es importante que lo comprendamos porque he visto como muchas personas que han sido usados grandemente por Dios se llegan a confundir en algún momento al pensar que ellos obran milagros, que sanan, que enseñan, que ministran. Todos podemos ser canales de bendición, sí, pero nunca debemos perder de vista que el que hace es Dios. Si Él no está en la fórmula el resultado no será bueno o por lo menos no el que esperamos o queremos.

Si Jesucristo permanece en nosotros, es decir si somos llenos de su Santo Espíritu, si contamos con su presencia en nuestras vidas entonces, todo lo que emprendamos será de bendición y tendremos un agradecimiento especial y contentamiento ante todas las circunstancias que nos toque vivir.

Sabiendo que cualquier situación problemática que enfrentemos la podremos vencer porque Jesucristo está de nuestro lado, recordemos que las cosas son temporales y que Él nos ofreció una vida abundante.

Si tenemos esa llenura del Espíritu, conoceremos nuestros dones y nuestro lugar en el Cuerpo de Cristo que es la Iglesia y trabajaremos al servicio de Dios y de los demás. Únicamente si Dios está con nosotros. Esa es la clave para lograr todo, como lo dice Pablo en esta afirmación cuando dice: "Todo lo puedo en Cristo que me fortalece".

Si estamos dispuestos, el Espíritu Santo nos entrenará y nos guiará en el camino que debamos recorrer, en las obras que debamos realizar y en la fe a compartir.

Nunca nos separemos de Dios, talvez hayamos pasado por alguna circunstancia difícil de comprender, ¿cómo podemos entender los pensamientos de Dios? pero nunca nos alejemos de Él, a Su tiempo nos revelará sus propósitos y sus planes, sabremos que todo sucede por una razón. Pero nunca nos excluyamos de su Plan, ni de su obra.

Dios quiere hacer cosas grandes contigo y a través de ti.
Con Él de nuestra parte podremos lograr todo.

Una palabra final de mi corazón al tuyo:

No me cabe duda que si este libro está en tus manos es porque eres una persona muy especial para Dios y es obvio que sueña con tu vida. Es mi mejor deseo que Dios te llene, te muestre su amor, te conceda paz y todos los anhelos de tu corazón. ¡Qué tu vida esté completa, segura y realizada en Dios Padre, en Dios Hijo, Jesucristo y en Dios Espíritu Santo!

Espero que este libro haya contribuido de alguna forma a tu caminar con Jesús y que te permita dar ese salto de fe, que significa confiar plenamente en Él, escuchar sus palabras, bajarte de la barca de la vida normal y emprender esta aventura extraordinaria que te permita caminar junto con Él sobre las aguas de la incertidumbre, del miedo.

Dios busca verdaderos adoradores, Dios busca gente dispuesta, gente que lo ame, que puedan ser canales de bendición. Dios quiere usar nuestra vida, puede y quiere hacer grandes cosas con nosotros, lo enfatizo, Dios quiere hacer grandes cosas contigo, porque:

¡TÚ ESTÁS EN EL PLAN DE DIOS!

Datos sobre la autora:

María Elena Castellanos es una mujer que desde muy pequeña emprendió su búsqueda de Dios, en diferentes religiones, filosofías o creencias, finalmente cuando se quedó quieta y en silencio, se dio cuenta que Dios estaba con ella desde siempre.

Nació en San Salvador, El Salvador, en el seno de una familia católica, estudió en el Colegio El Sagrado Corazón su primaria y secundaria; y en la Universidad Dr. José Matías Delgado, su carrera profesional graduándose como licenciada en Ciencias de la Comunicación. Gracias a una beca de estudios en Italia, obtuvo una especialización en mercadeo. A su regreso fundó una empresa para la edición de publicaciones corporativas en la cual trabaja desde 1998.

Durante muchos años asistió a diferentes iglesias y tomó diversos cursos sobre la Biblia. Un día comenzó un grupo de oración y fue ahí donde el Señor comenzó a darle una enseñanza para cada reunión, el compendio de algunas de esas enseñanzas forman este libro.

María Elena Castellanos también es escritora de poesía y prosa, tiene cuentos infantiles, libros de poesía y poesía mística, así como libros de inspiración.

Otros libros de la autora:
• Mujer, ¡estás en el Plan de Dios!
• Tres minutos para Dios.

Contacto:
Twitter: @mujerplandeDios
Facebook: Mujer,¡estás en el plan de Dios!
Correo: mariaelena_castellanos@yahoo.com
Sitio Web: www.mariaelenacastellanos.com

www.ingramcontent.com/pod-product-compliance
Lightning Source LLC
Chambersburg PA
CBHW061827040426
42447CB00012B/2857